wissen & praxis 93

Karin Nitzschmann

Verweigerung macht Sinn

Karin Nitzschmann legt anschaulich die subjektiven Ursachen von Schulverweigerung dar. Sie macht auf die fatalen Folgen für die Kinder und Jugendlichen aufmerksam, wenn die kulturelle Institution Schule die Hilferufe der Kinder nicht versteht.

Schulvermeider sind Kinder und Jugendliche, die sich über Monate oder sogar Jahre weigern, eine Schule zu besuchen, obwohl sie durchaus lernen wollen. Sie können es jedoch nicht, weil emotionale Reifungs- und Entwicklungsdefizite sie hindern. Diese Symptomatik weitet sich unter den Kindern aus, so daß die Gefahr besteht, daß immer mehr Kinder ihre Kindheit nicht verlassen können, da es ihnen schwerfällt, für sich Verantwortung zu übernehmen und später erwachsen zu werden.

In ausführlichen Fallbeispielen wird die Vielfalt der Symptomatik Schulvermeidung vor dem Hintergrund der sukzessiven Entwicklungsdynamik des Kindes- und Jugendalters dargestellt und auch theoretisch begründet. Eine sich daraus ableitende psychische Entwicklungslinie für Schulvermeiden und Weglaufen bildet die Grundlage für weitere Überlegungen: Inwiefern sich Schulvermeidung und Von-Zuhause-Weglaufen, die im Kern eine pathologische Entwicklungs- und Familiendynamik verbergen, so leicht an der kulturellen Institution Schule entfalten können.

Die Autorin:

Karin Nitzschmann, geb. 1942, Dr. phil., Dipl. Psych., Dipl. Päd., studierte Germanistik, Literatur-, Erziehungswissenschaften und Psychologie. Lehrerin in der Schule für Krankenhaus- und Hausunterricht in Bremen und Mitarbeiterin im Transferzentrum DIALOG im FB Psychologie an der Universität Bremen.

Karin Nitzschmann

Verweigerung macht Sinn

Schulvermeiden und Weglaufen als Selbstfindung

Brandes & Apsel

Auf Wunsch informieren wir regelmäßig über das Verlagsprogramm.
Eine Postkarte an den Brandes & Apsel Verlag, Scheidswaldstr. 33,
D–60385 Frankfurt a. M., genügt.
e-mail: brandes-apsel@t-online.de
oder im Internet: www.brandes-apsel-verlag.de

Die Deutsche Bibliothek – CIP-Einheitsaufnahme:

Nitzschmann, Karin:
Verweigerung macht Sinn: Schulvermeidung und Weglaufen als Selbstfindung/
Karin Nitzschmann. - 1. Aufl. – Frankfurt a.M.: Brandes & Apsel, 2000
(Wissen & Praxis; 93)
ISBN 3-86099-293-7

wissen & praxis 93

1. Auflage 2000
2. Auflage 2004

Lektorat: Roland Apsel
Umschlagbild: Martin Honert, *Foto*, 1993. Mit freundlicher Genehmigung.
Druck: Difo-Druck. Bamberg. Printed in Germany.
Gedruckt auf säurefreiem, alterungsbeständigem und chlorfrei gebleichtem Papier.

ISBN 3-86099-293-7

INHALT

VORWORT

Der Leser mag sich fragen, warum es von übergeordnetem und allgemeinem Interesse sein kann, zu verstehen, daß einige Kinder und Jugendliche sich konstant weigern, eine Schule zu besuchen.

An Schulunlust und Verdruß über einzelne Lehrer wird sich jeder mehr oder weniger erinnern können, aber vielleicht auch an die Lust, die Schule und ihre Lehrer zu karikieren, und falls dies nicht persönlich erlebt wurde so doch zumindest in Filmen wie „Die Feuerzangenbowle". Auch dort wurde geschwänzt und manchmal nicht gelernt. Diese Proteste waren jedoch kein Vermeiden sondern eine offene Auseinandersetzung mit der Schule und ihrer Lehrer, die meistens Pauker genannt wurden. Solchen Mut haben die Schulvermeider nicht, sie ziehen sich zurück und bleiben wochen-, monate- oder auch jahrelang einfach zu Hause. Ihr Opponieren hat eine andere Qualität, es wird mit Krankheit oder Angst vor der Schule begründet, weil sie nichts anderes zu sagen wissen. Abgesehen davon, daß die Schulpflicht nicht beachtet wird, leiden diese Kinder und Jugendlichen und schaden sich selbst.

Dieses Leid macht sich an der Schule fest. Es wäre jedoch ein voreiliger Schluß anzunehmen, es handle sich allein um ein institutionelles Problem. Die Schule ist lediglich ein Beispiel für die institutionelle Teilhabe an dieser Symptomatik.

Im Juni 1996 fand an der Universitätsklinik für Psychiatrie in Wien eine Tagung statt über das Thema „Wenn Schüchternheit zur Krankheit wird. Über Formen, Entstehung und Behandlung der Sozialphobie"[1]: Die Referenten bezeichneten beispielsweise die Schulverweigerung als ein markantes Problem der Sozialphobie (u.a. Schuch: 96). Für diese Gruppe gäbe es einen erhöhten Forschungsbedarf, da erkennbar sei, daß es sich bei den unter einer Sozialphobie leidenden Erwachsenen um Störungen handelt, die in der Kindheit beginnen, vielfach zu familiären Konflikten führen und schließlich in der Ablösesituation eskalieren. Genau diese

---

[1] Hg · Katschnig, Denal, Winhuber: Wenn Schüchternheit zur Krankheit wird. Über Formen, Entstehung und Behandlung der Sozialphobie Wien 1998. Diese Schrift enthält die erweiterten Vortragsmanuskripte dieser Tagung. U.a.: Schuch, B.: Psychotherapie sozialer Ängste im Kindes- und Jugendalter. Joraschky, P : Psychodynamische Therapie der Sozialphobie.

Beschreibung trifft aus meiner Sicht auch die Situation der Schulvermeider, wodurch die Erforschung dieses Symptoms eine intervenierende und präventive Funktion erhält. Bis jetzt werde jedoch nach Meinung der Autoren zu wenig nach den Gründen gefragt, warum jemand bestimmte Situationen vermeidet. Hier könnten psychodynamische Untersuchungen mit Fallbeispielen aus Familientherapien ansetzen, denn die beschreibenden Diagnosesysteme erwiesen sich gerade bei den Sozialphobien als mangelhaft (Joraschky: 106 ff.).

Abgesehen von für mich rätselhaften Unterrichtserfahrungen mit diesen Kindern und Jugendlichen in meiner Rolle als Lehrerin beobachtete ich im Verlauf der Untersuchung in meiner Rolle als Forscherin etwas mit dieser Feststellung Vergleichbares, was ich im ersten Kapitel thematisiere: Die Einordnung des Symptoms in den Diagnoseschlüssel des ICD[2] und dessen vielfältige Beschreibungen in der Fachlitratur stellen minutiöse Außenansichten dar, ohne daß jedoch zu verstehen ist, worum es diesen Kindern und Jugendlichen geht, wenn sie sich weigern, in die Schule zu gehen und Eltern, Lehrer, Ärzte und Mitarbeiter in den Einrichtungen des Sozial- und Gesundheitswesenes dazu zwingen, sich mit ihrer vehementen Verweigerung zu befassen.

Ich bin Diplom-Psychologin und unterrichte seit 1984 als Lehrerin an der Schule für Krankenhaus- und Hausunterricht im Land Bremen, nachdem ich über achtzehn Jahre als Lehrerin im regulären Schulwesen tätig gewesen bin. Das Kollegium besteht aus Lehrerinnen und Lehrern aller Schularten und -stufen, die in nahezu allen Kliniken Bremens unterrichten, in denen Kinder und Jugendliche stationär behandelt werden. Ein Schwerpunkt dieser Schule befindet sich im ZKH Bremen-Ost, in der Kinder- und Jugendpsychiatrie. Dort hörte ich erstmalig etwas über Schulvermeidung. Doch erst die konkrete Begegnung mit diesen Kindern und Jugendlichen im Hausunterricht löste in mir Fragen aus, auf die ich in der hier vorliegenden Untersuchung nach Antworten suchte. Somit bewarb ich mich um ein Forschungsprojekt über „Schulvermeidung“, das ich 1994-1996 an der Universität Bremen durchführte.

Ich beantragte die Einsicht in die *Patientenakten*[3] der Kinder und Jugendlichen, die wegen Schulvermeidung, Schulangst, Schulverweigerung, Schwänzen oder anderer Schwierigkeiten mit der Schule *stationär*

---

[2] ICD: Internationale Klassifikation der Krankheiten.

[3] Insgesamt waren es 80 Fälle. 55 Schulvermeider, 7 Wegläufer bzw. Schulschwänzer, 18 Schüler mit ausschließlich Lern- und Leistungsstörungen.

behandelt wurden. Mein Vorhaben wurde von der Klinikleitung im ZKH Bremen-Ost, dem Leitenden Arzt der Kinder- und Jugendpsychiatrie (Dr. A. Richard), dem Datenschutz, der Schulbehörde, der klinikinternen Schule (N. Foitzik) und dem Senator für Soziales und Gesundheit unterstützt. Entscheidend für das Gelingen dieses Projektes war jedoch der Kooperationsvertrag des DIALOG im Zentrum für Angewandte Psychoanalyse der Universität Bremen (Prof. Dr. E. Reinke) mit der Kinder- und Jugendpsychiatrie im ZKH Bremen-Ost. Zwecks Einbindung in diesen Vertrag wurde ich dankenswerter Weise seitens der Schulbehörde drei Jahre lang mit jeweils sechs Unterrichtsstunden für dieses Projekt freigestellt.

Meine aktuelle Unterrichtspraxis in der Klinikschule wie auch davor zurückliegende Erfahrungen im Regelschulwesen, während derer ich keine Schulvermeider wahrgenommen hatte, vermittelten mir zunächst keine andere Basis für einen Forschungsansatz. Aus Gründen der Vergleichbarkeit mit anderen Untersuchungen erhob ich aus den Patientenakten zunächst deskriptiv statistische Daten. Diese Daten, vor allem aber die anamnestischen Berichte und Befunde habe ich *szenisch*[4] interpretiert und ausgewertet.

Die Einsichten aus dem Verlauf der Analyse der Patientenakten von 1976 bis 1994 bewirkten eine nachträgliche Reflexion meiner *eigenen Unterrichtserfahrungen* mit Schulvermeidern, worüber ich im zweiten Kapitel in dem Abschnitt “Es ist alles so peinlich” — “Ich habe eine Angstneurose” berichte.

Gleichzeitig bemühte ich mich um einen Kontakt zum damaligen *Schulermittlungsdienst,* welcher inzwischen in den *Beratungsdienst für Schulvermeidung* umgewandelt worden ist. Diese Einrichtung wurde in den ersten Jahren nach 1945 zunächst aus der Not geschaffen, die schulischen Verhältnisse in Bremen nach dem Krieg zu regulieren bzw. Scharen von Kindern und Jugendlichen auch wieder von der Straße zu holen. Erst allmählich entwickelte sich hieraus eine Institution der Schulverwaltung. Während anfangs in der Verweigerung des Schulbesuchs noch ein Delikt gesehen und mit Geldbußen sanktioniert wurde, werden jetzt die einzel-

---

[4] Alfred Lorenzer (1970b, 1982, 1986) und Hermann Agelander (1970) haben das „szenische Verstehen“ als hermeneutische Methode ausgearbeitet, um situatives Erleben mit jeglichen Gefühlsregungen und Vorstellungsabläufen des Patienten nachvollziehen zu können, selbst wenn dieser schweigt oder sich nur verzerrt zu seinem Erleben äußern kann. Diese Methode ist als Transfer anwendbar auf Kunstwerke und Texte jeglicher Art.

nen Schüler und Familien eher betreut, indem reale Schulschwierigkeiten, sofern sie der Grund der Verweigerung sind, gemeinsam ausgeräumt werden. In vielen Fällen bleibt das Verhalten jedoch resistent; manchmal gelingt es erst nach Monaten und manchmal auch erst nach Jahren, den Schulbesuch aufs Neue (oder auch gar nicht) einzuleiten.Die dort gemeldeten Kinder und Jugendlichen, die zwar auch die Schule nicht besuchen, aber dennoch nicht stationär behandelt oder von Lehrern der Klinikschule unterrichtet werden, interessierten mich als weitere Vergleichsgruppe, indem ich über mehrere Monate einen Mitarbeiter des Beratungsdienstes auf seinen Hausbesuchen und Gesprächen mit den Familien begleitete. Die Klientel in Beratungsstellen[5] und in der Klinik zeigten phänomenologisch gesehen die gleichen Merkmale.

Die Auswertung der Patientenakten, eigener Unterrichtserfahrungen und der Erfahrungen mit den Hausbesuchen bilden den Kern der hier vorgelegten Ergebnisse.

Ferner wurden zu diesem Projekt parallel Lehrveranstaltungen für Studierende in klinischen Semestern angeboten. Denn während der Untersuchung war zu ersehen, daß Schulvermeider fast nur beim Arzt, dem klinischen Psychologen oder in Einrichtungen der Sozialen Dienste, aber so gut wie nicht beim Schulpsychologen erschienen. Aus diesem Grunde, aber auch, um das Forum zur Diskussion der jeweiligen Ergebnisse erweitern zu können, ergaben sich dankenswerte kritische Dialoge. Die Notwendigkeit eines solchen Forums zeigte sich auch in Kontakten zur regionalen und überregionalen Fachöffentlichkeit[6].

Der gesamte Forschungsprozeß wurde psychoanalytisch supervidiert[7] bzw. in gemeinsamen Forschungskolloquien des DIALOGS und der Kinder- und Jugendpsychiatrie diskutiert. Um die Lesbarkeit der inhaltlichen Ergebnisse nicht unnötig zu erschweren, sind die Darlegung und Diskussion der methodischen Implikationen weitestgehend ausgeklammert

[5] Insbesondere verdanke ich dem Kinder- und Jugendpsychiatrischen Dienst in Bremen unter Leitung von Frau Dr. Mikoteit die Einsicht in diese entsprechenden Daten. Andere Vergleichsmöglichkeiten ergaben sich aus Berichten, beispielsweise von Jugendämtern, sofern sie Teil der Patientenakte waren.

[6] Fachtagung im Theresienhaus in Bremen-Nord, einem Symposion im ZKH Bremen-Ost, einer Fachtagung der SOS-Jugendwohngemeinschaft in Lilienthal und überregionalen Tagungen für Lehrer im Krankenhaus- und Hausunterricht in Bremen und Hamburg.

[7] Dieses Verfahren ist eine Kontrolle, um zu verhindern, daß unreflektierte Übertragungsgefühle seitens der Untersucherin den Forschungsverlauf und die Interpretation der Ergebnisse verzerren.

worden. Diesbezügliche Interessen und Nachfragen sind an mich direkt zu richten.

Zweite Auflage

Seit Erscheinen der ersten Auflage sind drei Jahre vergangen. Das Forum der Diskussion hat sich erweitert, insbesondere dadurch, dass das Problembewusstsein für diese Schüler seitens der Öffentlichkeit zugenommen hat. Ich nehme die zweite Auflage zum Anlass, einige Punkte zu benennen, die nach Vorträgen und in Arbeitsgruppen wiederholt diskutiert wurden, da sie nachträglich inhaltliche Akzente setzen:

Anfänglich besonders ausgeprägt war der Wunsch nach Vermittlung eines allgemeingültigen Modells für den Umgang mit Schulverweigerung. Aus zwei Richtungen kommend beginnt sich diese Haltung zu verändern: Erstens scheint es Konsens zu werden, dass Schulvermeidung unter dem Aspekt von Lebensvermeidung stets das Verstehen des Einzelfalles erfordert. Zweitens wird diese Sensibilisierung dadurch gefördert, dass unter Berücksichtigung der Kulturhoheit der Bundesländer, alternative Unterrichtsmodelle auf Tagungen zwar vorgestellt und diskutiert werden, jedoch deutlich ist, dass jeweils nur strukturell angemessene Lösungen weiterführen können.

Für Eltern, Therapeuten und Lehrer ist nachdrücklich auf einige Aspekte der Vermeidungsdynamik hinzuweisen: dem Standhalten der Aggression, wenn mit allen Mitteln die Verweigerung aufrecht erhalten wird; auf das Gewahrwerden und Ertragen der eigenen Gefühle von Ohnmacht und Hilflosigkeit; auf die Notwendigkeit, die Rolle der Eltern zu stärken und die individuell vorhandenen Ressourcen der Schüler zu entdecken und weiter zu entwickeln.

Zuletzt möchte ich eine Veröffentlichung von 1966 erwähnen, die mir antiquarisch und leider erst im Anschluss an meine Untersuchung zugänglich wurde. Der englische Kinderarzt Max B. Clyne beschreibt mit eigenen Fallberichten “Schulverweigern als Folge psychischer Störungen”, um “Allgemeinpraktiker mit diesem wichtigen Syndrom bekannt zu machen”, “über das sich viele Hausärzte kaum im klaren sind” (S. 9f.). Seine Ergebnisse stimmen mit der hier vorliegenden Untersuchung überein (vgl. hierzu u.a. die Bedeutung des Krankseins und des Attests zu Beginn der Verweigerung).

Bremen, im September 2003.

I. Einleitende Außenansichten

In diesem Kapitel befasse ich mich mit der allgemeinen Wahrnehmung und Namensgebung des Symptoms und reflektiere hierzu die Eindrücke und Gefühle, die zunächst mein Forschungsinteresse auslösten und eine Zeit lang unterhielten.

Mein Forschungsinteresse

Ich war mehrfach irritiert. Schüler verweigerten meinen Unterricht, obwohl ich aus pädagogischer Sicht bei mir kein grobes Fehlverhalten entdecken konnte. Über die Klinikschule und den Schulermittlungsdienst erfuhr ich, daß viele Kinder und Jugendliche den Schulbesuch einfach abbrachen, was mich in Erstaunen versetzte, denn ich hatte über nahezu zwei Jahrzehnte Tätigseins im Regelschulwesen keinen Schulvermeider kennengelernt. Der Blick in die Fachliteratur vergrößerte mein phänomenologisches Wissen über das Symptom, aber ich konnte aus mehreren Gründen daraus keinen Nutzen ziehen: Ich konnte zwar nachvollziehen, daß Kinder und Jugendliche mit Ängsten und schulischen Schwierigkeiten belastet sein können und deshalb die Flucht ergreifen, aber ich verstand nicht, wenn die schulischen Schwierigkeiten beseitigt waren oder real gar nicht bestanden, daß trotzdem gesagt wurde, sie hätten „Angst vor der Schule".

Mein Forschungsinteresse ist aus verschiedenen Quellen gespeist worden; zum einen aus der beschriebenen Irritation, zum anderen daraus, daß Schule für mich seit meiner Kindheit hoch besetzt gewesen ist. Dies, obwohl es mir als Schülerin in den ersten Jahren schwer fiel, Lesen, Schreiben und Rechnen zu lernen; obwohl ich mich an persönliche Kränkungserlebnisse mit Lehrern und Schülern erinnere; obwohl ich mich wie meine Mitschüler über jeden ausgefallenen Unterricht freute, jeden Schülerstreich wie gebannt miterlebte, mich aber nicht traute, mitzumachen. Ich war trotz allem fasziniert von Schule; es überwogen für mich gute Erfahrungen, die auch meine erste Berufswahl zur Lehrerin beinflußt haben. Insofern war ich nicht nur beruflich, sondern auch persönlich interessiert, das Verhalten dieser Kinder und Jugendlichen zu verstehen. Dieser überwiegend persönlich gefärbte Erkenntnisweg erwies sich u.a. als wesentlicher Zugang, ein Gespür zu entwickeln für die Dynamik von Vermeidung bzw. Verweigerung in ihrer Kristallisation auf die Schule[7].

Eltern, Lehrer, Ärzte, Therapeuten, Mitarbeiter in Beratungsstellen sehen das Kind oder den Jugendlichen zuerst jeweils aus dem Blickwinkel ihrer Profession. Eltern offenbaren nicht gerne ihre familieninternen Konflikte oder wissen nicht einmal von solchen, versuchen also ihr System zu schützen. Lehrer interpretieren zwar auch die sozialen Verhältnisse ihrer Schüler, aber die pädagogisch-fordernde Sichtweise rückt zwangsläufig schulische und unterrichtliche Belange in den Mittelpunkt. Ärzte vergewissern sich des somatischen Befindens und stellen irgendwann fest, daß für einen Schulbesuch kein hindernder Grund bestehen kann. Therapeuten spüren das psychische Grundleiden des Kindes, so daß die schulischen Belange total in den Hintergrund treten können. Mitarbeitern in Beratungsstellen offenbart sich Schulvermeidung oftmals nur als eines von vielen und sehr viel ernsteren Problemen der jeweiligen Familien. Mit all diesen Berufsgruppen haben Familien mit Schulvermeidung zu tun, jede Berufsgruppe kann aus guten Gründen woanders hinsehen. Dadurch ist es kaum möglich, daß sich aus dem vorhandenen Wissen und den Informationen über das Symptom Schulvermeidung ein kohärentes Bild ergibt, in dessen Mittelpunkt das jeweilige Kind oder der Jugendliche mit seinen Rechten und Pflichten steht. Nicht zu unterschätzen ist ebenfalls die Tatsache, daß alle Erwachsenen auch einmal Schüler gewesen sind, sich mehr oder weniger an gute und schlechte Erfahrungen erinnern, auch Ressentiments ausgeliefert sein können, weshalb sie unreflektiert zu Verbündeten der Schule, der Eltern oder des Kindes werden können.

Vor allem in Gesprächen mit Studierenden der Psychologie, Lehrern, Ärzten und Mitarbeitern in Beratungsstellen erfuhr ich, wie schwierig es ist, sich in die zahlreichen Umfeldphänomene des Symptoms einzufühlen und sich auf deren heftige Abwehrdynamik einstellen zu können. Hierauf möchte ich zunächst den Leser vorbereiten, bevor ich in die konkreten Fälle des zweiten Kapitels einführe. Denn — abgesehen in therapeutischen Situationen — sind es in Beratungssituationen oftmals nur die äußeren Merkmale, die sichtbar werden. Ein entsprechendes Problembewußtsein kann bereits den Beginn einer Intervention markieren.

---

[7] Devereux, Georges (1967). Angst und Methode in den Verhaltenswissenschaften. Frankfurt/M. 1988.

1932 beschrieb zuerst Broadwin eine solche Gruppe von Schülern:

> „Das Kind ist in variierenden Zeitabständen von einigen Monaten bis zu einem Jahr von der Schule abwesend. Das Wegbleiben ist durchgehend, und die Eltern wissen die ganze Zeit, wo das Kind ist, nämlich bei der Mutter oder in der heimischen Nähe. Der Grund für das Schwänzen ist den Eltern und der Schule unverständlich. Das Kind sagt etwa, es fürchte sich, zur Schule zu gehen, es fürchte sich vor dem Lehrer, oder es sagt, daß es nicht weiß, warum es nicht zur Schule gehen will. Zu Hause ist es glücklich und scheint, keine Sorgen zu haben. Wenn es aber gedrängt wird, zur Schule zu gehen, wird es ihm elend, es ist angsterfüllt und rennt bei der ersten Gelegenheit nach Hause, auch wenn es weiß, daß es dann körperlich bestraft wird. Der Anfall erfolgt im allgemeinen aus heiterm Himmel. Der vorangehende Schulbesuch und das Verhalten waren völlig in Ordnung gewesen." (Broadwin, 1932, übersetzt nach Hamilton, 1978: 12; zit. nach Ganther-Bührer, 1991: 21)

Unter Schulvermeidung wird nicht organisch krankheitsbedingtes oder aus anderen Gründen gelegentliches Fehlen in der Schule verstanden. Nach Remschmidt, Schmidt (1988: 468) ist regelmäßiger Schulbesuch bei Schülern überhaupt eher die Ausnahme, denn die meisten fehlen an zehn oder mehr Tagen des Jahres im Unterricht. Die Kinder und Jugendlichen, von denen hier die Rede ist, gingen bis zum Beginn der stationären Behandlung durchschnittlich ein bis zwei Jahre lang nicht zur Schule. Ich wunderte mich, wieso ein so langes Fernbleiben von der Schule bei bestehender Schulpflicht möglich ist. Ich fragte mich, wie halten Eltern und Kinder es aus, daß diese Norm außer Kraft gesetzt wird, denn Kinder und Jugendliche sich selbst überlassen, meistens zu Hause, ohne konkrete Aufgaben müßten doch Langzeitarbeitslosen vergleichbar allmählich in familiäre Dauerkonflikte geraten.

Das Auslösen einer totalen Schulvermeidung geschah zwar in vielen Fällen von einem Tag auf den anderen, doch hatte sich meistens zuvor *allmählich und zunächst unauffällig*[8] ein schulisches Vermeidungsverhal-

[8] Die Vorphase bis zur totalen Schulvermeidung dauerte bei den Mädchen von „einigen" Monaten [Zitat aus einem Aufbahmebericht in der Klinik] bis zu drei Jahren, bei den Jungen von zwei Monaten bis zu sechs Jahren.

ten entwickelt und allmählich verfestigt; bei den Mädchen durchschnittlich über eineinviertel Jahre und bei den Jungen über knapp zwei Jahre.

Wenn es innerhalb eines solchen Zeitraumes den Kindern und Jugendlichen nicht gelang, zu einem regelmäßigen Schulbesuch ohne auffällige Fehlzeiten zurückzufinden bzw. keine geeignete Intervention etwas verändern konnte, setzte die *Phase der totalen Schulvermeidung*[9] ein. Oftmals erwirkten zu diesem Zeitpunkt niedergelassene Ärzte, Kinder- und Jugendlichentherapeuten oder Mitarbeiter in Beratungsstellen eine Einweisung oder doch zumindest eine Vorstellung in die hiesige Kinder- und Jugendpsychiatrie. Den Berichten zufolge waren die bisherigen Helfer mit den Schülern und Familien an nicht mehr überwindbare Barrieren geraten. In den meisten Fällen kam es jedoch während der totalen Schulvermeidung nicht zu einer schnellen Intervention: Die Mädchen blieben dann durchschnittlich viereinhalb, die Jungen elf Monate lang zu Hause.

Zwar fehlen Schulvermeider oft wegen einer körperlichen Symptomatik, aber die einzelnen Symptome sind häufig funktioneller Natur, das heißt, sie stehen im psychosomatischen Zusammenhang mit den psychischen Ursachen der Schulvermeidung. In Kapitel II, über das „mütterliche Nein", beschreibe ich die Beschwerden dieser Kinder während des ersten Lebensjahres. Diese Symptome entsprechen den Beschwerden, wegen derer zu Beginn der Schulvermeidung ein Arzt aufgesucht und in der Schule ein Attest vorgelegt wird.

Die erste konkrete Unterrichtserfahrung mit Jugendlichen, die sich absolut weigerten, eine Schule zu besuchen, obwohl sie lernen mochten und auch leistungsfähig waren, machte ich während einiger Hausunterrichte in der „Schule für Krankenhaus- und Hausunterricht" des Landes Bremen.

Obwohl diese Schüler nach einer längeren und totalen Schulverweigerung einen Neubeginn vorhatten und sich aus schulischer Sicht keine unangenehmen Zwischenfällen in meinem Hausunterricht ereignet hatten, kam es von einem Tag auf den anderen zu einer erneuten Verweigerung, indem weder die Schüler noch deren Angehörige die Haus- oder Wohnungstür öffneten. Eine Jugendliche „verbarrikadierte" sich in ihrem Zimmer, ohne daß deren Eltern einzugreifen vermochten.

---

[9] Die Phase der totalen Schulvermeidung dauerte bei den Mädchen von einem Monat bis zu einem Jahr, bei den Jungen von drei Monaten bis zu sieben Jahren.

Dieses Verhalten gab mir Rätsel auf. Jedoch reflektierte ich zunächst nicht einmal, daß diese Kinder und Jugendlichen die Schulpflicht doch recht massiv infrage stellten. Vielmehr nahm ich es als natürlich gegeben hin, daß in dieser Weise auf Schule reagiert werden kann. Teilweise beeindruckten mich anfangs sogar die Kühnheit und der Erfolg, wie sie sich der mächtigen Institution Schule entzogen, was mich faszinierte und lange Zeit mein Forschungsinteresse mitbestimmte.

Nach und nach erlebte ich jedoch das „Nein" im Hausunterricht mit anderen nachhaltigen Wirkungen: Ich fühlte mich — wenn auch nicht erstmalig in diesem Beruf — extrem machtlos, dies um so mehr, als mir die individualisierende Arbeit mit einzelnen Schülern in dieser speziellen Unterrichtsorganisation, einer klinikinternen Schule, „Spaß machte". Außerdem bestanden für ein haltendes Arbeitsbündnis günstige Voraussetzungen: leistungsmäßige Über- oder Unterforderungen oder ein nachteiliger Lehrer-Schüler-Dialog lassen sich im Einzelunterricht leichter auffangen als in einer Schulklasse. Stattdessen wurde immer fühlbarer, daß diese Schüler „einfach alles" infrage stellten, zuletzt auch mich und meine Profession, worüber ich zeitweilig recht ärgerlich war. Am liebsten hätte ich mit dieser Klientel nichts mehr zu tun gehabt. Gleichzeitig bemerkte ich jedoch, daß sich mein Ärger und der Wunsch, mich abzuwenden, sich wenig von der Gestimmtheit der jeweiligen Schüler, Eltern und Lehrer unterschieden. Was es damit auf sich haben sollte, wußte ich jedoch nicht.

Außerdem machte mich eine andere Tatsache neugierig. Andere Schüler mit demselben Symptom wurden stationär behandelt und besuchten nahezu komplikationslos von Anfang an die klinikinterne Schule, ohne daß bereits therapeutische Einflüsse sichtbar waren. Erst im Verlauf des Forschungsprozesses entdeckte ich, daß bereits diese von außen erwirkte Trennung zwischen Kind, Jugendlichem und seiner Familie den nötigen Raum[10] entstehen ließ, um in die klinikinterne Schule gehen zu können, d.h., daß auch das Kind seinen Platz finden konnte. Das gesamte Kapitel II über das „Nein" des Kindes und Jugendlichen handelt u.a. von dem Verlust bzw. Nicht-Vorhandensein des eigenen psychischen Raumes.

Insofern beschäftigten mich diese Schüler zunehmend. Was wollten sie mitteilen, wer sollten die Adressaten sein: die Eltern, die Lehrer, die konkrete oder die gesellschaftliche Institution Schule? Als Lehrerin glitt ich selbst an dem äußeren Verhalten dieser Klientel ab, als Psychologin

---

[10] 'Raum', 'psychischer', 'innerer', 'interaktiver' Raum, bezieht sich jeweils auf Winnicotts Konzept des 'potential space'; vgl. auch Ogden (1997).

wollte ich es verstehen können und beanspruchte für mich, zwischen beiden Bereichen vermitteln zu können.

Die Irritation weitet sich aus

Der Leser mag sich fragen, ob allein eine subjektive Irritation die Entscheidung für ein Forschungsprojekt ausreichend begründen kann. Maßgebend für die Förderung des Projekts war, daß die Zahl der Kinder und Jugendlichen, die nicht zur Schule wollen, als wachsendes Problem wahrgenommen wurde und vor allem Eltern und Lehrer diesem Phänomen hilflos gegenüberstehen.

Abgesehen von den Folgen für die schulische Entwicklung, wenn ein Kind oder Jugendlicher mitunter jahrelang die Schulpflicht umgeht, muß auch gesehen werden, daß das Kind hiermit seine eigene soziale Öffentlichkeit verweigert. Es bleibt in dem Lebensraum der Familie stecken und beraubt sich neuer und anderer Erfahrungen. Da aufgrund einer Umfrage der Deutschen Presseagentur in mehreren Bundesländern eine steigende Tendenz von Schulverweigerung beobachtet wird, ließe sich mit Erdheim (1990) — wenn zunächst auch nur *hypothetisch* — folgern, daß eine Generation heranwächst, in der eine auffallende Menge ihrer Mitglieder stärker an dem „Einfrieren" ihrer kulturellen Welt als an deren Eroberung und Veränderung interessiert ist. Denn Kinder und Jugendliche, die sich nicht außerfamiliären Einflüssen, Veränderungen durch Schule und Berufswahl aussetzen können, reproduzieren und festigen lediglich das Bestehende. In sich geschlossene Kulturformen wurden von Erdheim als „kalte Kulturen" beschrieben im Gegensatz zur westlichen Zivilisation, die er aufgrund ihres Veränderungspotentials als „heiße" Kultur definierte. Haben wir es jedoch mit Kindern und Jugendlichen zu tun, die ein Erwachsenwerden im westlichen Sinne in Frage stellen, bilden die Fehlzeiten von Schülern lediglich die Spitze eines Eisberges ab. Dann wäre Schulvermeidung nicht nur ein individuelles oder schulisches Problem, sondern ein gesellschaftliches Symptom.

Die folgenden aus Zeitungsberichten entnommenen Zahlen verdeutlichen, daß die Verweigerung von Schülern überregional als ein unbewältigtes und ernst zu nehmendes Verhalten wahrgenommen wird. Diese Zählungen scheinen mir nur schwerlich nachprüfbar zu sein, aber sie sagen zumindest indirekt aus, daß dieses Verhalten irritiert und daß machtvoll etwas in die Öffentlichkeit dringt, was scheinbar verborgen und rätselhaft ist.

Aktueller Zeitungsmeldungen zufolge verweigern bis zu 70000 Kinder und Jugendliche in Deutschland den Schulbesuch. „Das sind 1,5 Prozent aller Haupt-, Real-, Gesamt- und Berufsschüler". In Großstädten gebe es Extremfälle, in denen bis zu einem Drittel der Schüler über Monate und Jahre dem Unterricht fernbleiben (Süddeutsche Zeitung vom 25.11.99). „Dies sei das Ergebnis einer Befragung der Kultusministerien aller Bundesländer sowie einer Auswertung von Expertenanhörungen. Genaue Statistiken gebe es jedoch nicht." (Frankfurter Rundschau vom 24.11.99)

1998 besuchten in Nordrhein-Westfalen 5000 bis 10000 Schüler seit einem Jahr und länger keine Schule. („Wieder Lust am Lernen", Kurier am Sonntag, Nr. 35 (202) vom 30.08.98.)

In Hannover wurden (1996) 635 und (1997) 427 Schüler angezeigt, in Braunschweig (1996) 281, in Wolfsburg (1996) 98, in Osnabrück (1995/96) 200, in Nordrhein-Westfalen (1996) 630, im ersten Halbjahr 1997 bereits 635; in Mainz monatlich etwa 15 Fälle an Haupt- und Berufsschulen. („Kein Pardon für Schulschwänzer", Weser-Kurier vom 11.8.97.)

In Bremen gingen (1993) 300 bis 500 Jugendliche nicht zur Schule („Schwänzer sind 'oft ganz helle Köpfe'", Weser-Kurier Nr.10 vom 7.3.93). Diese Zahl ist nahezu konstant geblieben, denn auch 1995 wird gemeldet, daß von etwa 50000 Schülern in Bremen, etwa 1% den Schulbesuch verweigert. („Nach Zoff keinen Bock auf die Schule", Weser-Kurier vom 9.10.95.)

In ca. 18 Jahren (1976-1994) wurden hingegen nur 2,7% der eingewiesenen Patienten der Kinder- und Jugendpsychiatrie in Bremen wegen Schulvermeidung oder Schul- und Lernschwierigkeiten behandelt. Ihre Gesamtzahl von 80 erweckte bei mir in informellen Gesprächen allerdings auch die Vorstellung, daß es sich um ein ein wachsendes Problem handle.

„Nach Angaben des Berliner Senats leben etwa 3000 obdachlose Kinder und Jugendliche in der Stadt. Täglich werden es mehr." („Flucht aus dem Elternhaus", Weser-Kurier Nr. 137 vom 21.6.94). Diese Kinder besuchen doch ebenfalls keine Schule!?

In Köln verweigerten (1995) etwa 30%[11] der Schüler den Schulbesuch; ein gesondertes Ausländerproblem gäbe es hierbei nicht.

---

[11] Obwohl dieser Zahlenwert mit den aktuellen Meldungen der Frankfurter Rundschau und der Süddeutschen Zeitung übereinstimmt, erscheint er mir fragwürdig („genaue Statistiken gibt es nicht"): Er würde bedeuten, daß etwa ein Drittel aller

(„Statt auf die Schulbank in die Kaufhäuser", Weser-Kurier vom 28.9.95.)
In den Vereinigten Staaten wird versucht, diesem Problem mit Geld- und Haftstrafen für die Eltern beizukommen. („Haft für Eltern von Schulschwänzern", Bremer Nachrichten vom 29.1.99.) — Entsprechend einer früheren Meldung („Kampagne gegen Schulschwänzer", Bremer Nachrichten, 1998, Tages-Angabe fehlt) werde ständig an „Anti-Truancy-Gesetzen" gearbeitet. Seitdem Schulschwänzer vormittags von der Polizei eingefangen werden, soll die Kriminalitätsrate zurückgegangen sein. Jedoch werden diese als polizeistaatähnlich bezeichneten Maßnahmen ebenso kritisch gesehen. — In Philadelphia werden Schüler, die während der Unterrichtszeit in der Innenstadt aufgegriffen werden, in ein „Truancy-Center" gebracht. Polizisten informieren die Eltern und die Schule; es gibt ein warmes Mittagessen und Sonderunterricht. Seit Beginn des „Truancy-Projects" hat in einigen Stadtteilen die Anzahl der Autodiebstähle um 50% abgenommen. („ Wer lernt, sündigt nicht", FAZ vom 24.1.2000).

Insbesondere das letzte Beispiel, der Einsatz von Polizei, mag für die Ohnmacht und Hilflosigkeit stehen, die dieses Symptom begleiten. Geld- und Haftstrafen sind auch heute noch in einigen deutschen Bundesländern möglich, obwohl zunehmend mehr auf Hilfe als auf Strafe gesetzt wird. Damit einhergehend wird zunehmend häufiger über die Problematik von Schulmüdigkeit, Schulverweigerung oder vorzeitigem Schulabgang berichtet, es werden alternative Schulformen probiert, es finden sogenannte Experten-Tagungen[12] statt oder es werden schulgesetzähnliche Maßnahmen formuliert:

Schüler einer Klasse nie im Unterricht erscheinen, *ohne daß es zu nachgehenden Maßnahmen kommt* Vorstellbar hingegen wäre, daß sich diese Zahl auf die gesamten Fehlzeiten von Schülern bezieht, indem jeder dritte Schüler hin und wieder, der einzelne auch für längere Zeit einmal fehlt.

[12] Beispielsweise fand 1995 eine sogenannte Expertentagung in Köln statt Laut Zeitungsmeldung arbeiteten „120 Experten an Lösungsmodellen". („Statt auf die Schulbank in die Kaufhäuser", Weser-Kurier vom 28.9.95).
In Brandenburg wurde ein „Bericht über die Problematik der Schulmüdigkeit, der Schulverweigerung und des vorzeitigen Schulabgangs" vorgelegt mit dem Ergebnis, daß dieses Verhalten weder etwas mit „dem Geschlecht, noch mit dem Alter oder dem Fach" zu tun habe. („Kein Pardon für Schulschwänzer - Fehltage werden mit Bußgeld bestraft", Weser-Kurier vom 11.8.97).

Am 16.10.1992 trat für das Land Bremen ein „Runderlaß“ über „Arbeitshilfen zum Vorgehen bei Schulvermeidungsverhalten“ in Kraft, der jedem Lehrer im Handbuch des bremischen Schulrechts (1993) zur Verfügung steht. Ein Runderlaß hat eine hohe juristische Wertigkeit, die nächst höhere und damit höchste Instanz ist das Schulgesetz. Dies verweist auf die Dringlichkeit und die Bedeutung die dem Schulvermeiden bzw. dem Einhalten der Schulpflicht beigemessen wird. Ein solcher Text war ein Novum, bis dahin reichte es aus, wenn das Schulrecht sich lediglich mit den Fehlzeiten von Schülern befaßte.

Schlung [1984, (1987)] wertete beispielsweise in einer Übersichtsarbeit zur kritischen Sichtung der Literatur über Schulvermeidung 145 deutsche und internationale Untersuchungen aus. Die Ergebnisse hinsichtlich der Phänomenologie des Symptoms sind beeindruckend, jedoch aufgrund ihrer Quantität auch verwirrend und ermüdend zu ordnen. Demzufolge weist Schlung auch und wiederholt darauf hin, daß diese Merkmale erst dann eine Aussagekraft erhielten, wenn die *Psychodynamik des Symptoms* untersucht und dargestellt wäre, ein Vorhaben, das dieser Untersuchung zugrunde liegt. Meine Sichtung der nachfolgenden Fachliteratur von 1985-1994 mit etwa zweihundert Artikeln aus vier Datenbanken hätte Schlung (1987) lediglich bestätigen können.

In den Jahrzehnten nach Broadwin (1932) ist also interdisziplinär eine umfangreiche sich teils ergänzende wie sich widersprechende Fachliteratur entstanden, deren Ordnungsversuche und Strukturbildungen die Phänomenologie des Symptoms immens erweitert haben, vor allem auch dadurch, daß begriffliche Differenzierungen wie „Schulangst“, „Schulverweigerung“ und „Schwänzen“ sowohl kategorial wie auch in ihren Mischformen und Überschneidungen beschrieben werden, so daß sich leider deren Aussagewert gleichzeitig wieder relativiert[13]. Die zugrundelie-

---

Vom Bundesfamilienministerium wird in Oberrimsingen eine *Fernschule für Schulverweigerer* als Modellprojekt gefördert. Beschult werden „chronische Schulschwänzer, Streuner, minderjährige Mütter oder beziehungsgestörte Kinder, die im Klassenverband nicht lernen können“ („Flucht vor Leistung und Lehrer“, Süddeutsche Zeitung vom 25.11.99)

Weitere Ansätze werden in Kapitel V. vorgestellt.

[13] Ich verweise auf die Literaturliste; hinsichtlich der *begrifflichen Differenzierungen* im deutschen Sprachraum auf Hennig, Piskorz, Gaitzsch (1973) in: Ganther-Bührer (1991), Nissen (1977), Mattejat (1981), Schlung (1987); hinsichtlich der *diagnostischen Hintergründe* auf Mattejat (1981), Schmidt, Blanz (1989), Reinhuber (1985),

gende Psychodynamik, die das Symptom verstehbar gemacht hätte, wurde — wie bereits erwähnt — dabei nicht vermittelt[14].

Dieses Vorgehen interpretierte ich als Distanzierungsversuch vom psychodynamischen Gehalt, ohne jedoch zunächst angeben zu können, wozu diese vehemente Abwehr erforderlich sein könnte. Ich erinnerte mich hierzu an die Worte des Schulleiters der hiesigen Klinikschule (N. Foitzik), „wir wissen alles und nichts“. Diese Aussage ist inhaltlich immer noch stimmig mit den Feststellungen von Kahn und Nursten (1964), *daß für Lehrer, Hausärzte, Schul, Gesundheitswesen und Soziale Dienste nach wie vor ein Erklärungsbedarf bestehe*, da sie die Personen und Institutionen seien, die mit diesem Symptom in Berührung kämen: „Truancy“ und „school phobia“ seien *„a problem of no-man's land“*, da die Zuständigkeiten nur schwer abzugrenzen und zu bestimmen seien.

In der Fachliteratur besteht Konsens darüber, daß dem schulischen Vermeidungsverhalten generell ein intrapsychischer bzw. familiärer Konflikt zugrundeliegt[15], der jedoch — abhängig von der jeweiligen therapeutischen Richtung — unterschiedlich dargestellt wird. Da die wissenschaftliche Orientierung schon nicht einfach ist, sollte es nicht verwundern, daß in unserem Projekt auch zu beobachten war, daß Schüler, Eltern und Schule im konkreten Umgehen mit Schulvermeidung völlig überfordert und hilflos waren. Aus den Berichten der Patientenakten konnte ich entnehmen, daß von 55 Familien elf Familien sich in drei bis vier Einrichtungen beraten ließen. In einem Fall wurde sechsmal die Adresse gewechselt, u.a. sogar zu einem Hypnotiseur zur Beseitigung des Symptoms. Ansonsten waren es ein bis zwei Einrichtungen, bis es jeweils zu einer stationären Behandlung gekommen war.

Diese Einrichtungen gehörten in den Bereich des Senators für Bildung und Wissenschaft und des Senators für Gesundheit, Jugend und Soziales. Dabei ist auffallend, daß Einrichtungen aus Bildung und Wissenschaft verglichen mit denen des Gesundheits- und Sozialwesens kaum aufgesucht wurden. Die Dienste aus dem Bereich des Senators für Gesundheit, Jugend und Soziales wurden insgesamt 99mal, also in einem Verhältnis

---

Dellisch (1991). Ferner für beide Bereiche auf den Handbuchartikel von Remschmidt, Schmidt (1988) und auf Ganther-Bührer (1991), Lotzgeselle (1991)

[14] Dellisch (1991) hat m.E. den ersten Ansatz zu einer synoptischen Sichtweise entwickelt, was mich abgesehen von Schlungs Feststellungen (1987) bestärkte, aufgrund der eher desorientierenden Wirkung der vorliegenden Fachliteratur nach einer Grunddynamik des „Neins“ zur Schule zu fragen.

[15] Vgl. hierzu die Literatur in der Fußnote 13.

1:7,5 in Anspruch genommen[16]. In dieser Verteilung spiegeln sich teilweise Aspekte der Schulvermeidung wieder: Die Kinder und Jugendlichen erleben sich als krank, für die Familien wäre es am einfachsten, das Problem ließe sich medizinisch — von außen — beheben. Aber ein sogenannter *familiärer Konflikt* ist auch ein soziales Thema, also werden Einrichtungen des Gesundheits- und Sozialwesens aufgesucht. Ebenso wie die Schule wurden auch die schulischen Beratungsmöglichkeiten nahezu gemieden. Besteht etwa kein angemessenes Vertrauen in deren Kompetenz oder ist die Nähe zur Schule, zum Symptom und damit zum eigentlichen Konflikt zu bedrohlich?

Nomen est Omen

Ich gewann den Eindruck, daß Alltagsvorstellungen und Alltagssprache den Grad und die Art der Auseinandersetzung mit diesem Thema beeinflußten. Ein Kind, das sich herumtreibt und die Schule schwänzt, erntet Kritik und Tadel, äußert es „Angst" zu haben, weckt es (zunächst) Fürsorge und Hilfsbereitschaft. Ich erwähne zunächst, denn diese Kinder schaffen es, sofern ihr Agieren nicht erkannt wird, ihre Helfer hilflos und ohnmächtig zu machen. Dadurch bringen sie ihre Helfer in ein Mitagieren, wobei es ebenfalls und wiederum zu Entwertung und Ausgrenzung kommt: Entweder wird ein anderer Arzt oder eine weitere Beratungsstelle aufgesucht oder auch innerhalb der Schule wird die Versetzung in eine andere Klasse mit anderen Lehrern beantragt. In der überwiegenden Zahl der Fälle führte keine dieser Maßnahmen zu einem kontinuierlichen Schulbesuch.

Während Schul*phobie* und Schul*angst* einen Tenor des Helfenmüssens auslösen, wird Schwänzen negativ bewertet, indem auf schwache Über-ich-Strukturen, Ich-Schwäche und Verwahrlosungen verwiesen wird (u.a. Mattejat, 1981). Da mich der Leidensdruck von sogenannten Schwänzern nachhaltig beeindruckt hatte, überlegte ich, ob hier über Alltagsvorstel-

---

[16] Der Schulpsychologische Dienst (7), die jeweilige Schule, Schulleitung oder Schulaufsicht (3) und die Klinikschule (3). Sozialdienste, das Jugendamt und Jugendheime (16), Erziehungsberatungsstellen (9), der Schulärztliche Dienst (3), die Kinder- und jugendpsychiatrische Beratungsstelle (5), Ärzte, ein anderes Krankenhaus oder Hauptgesundheitsämter aus dem Umland (51), Psychologen (auch in universitären Ambulanzen) und Heilpädagogen (8) einschließlich eines Hypnotiseurs.

lungen semantisch etwas vermittelt wird, was den psychischen Gehalt überdeckt. Natürlich wurden mir Fälle bekannt, in denen Schüler statt zur Schule zu gehen, lieber mit dem Rad umherfuhren, im Wald spazieren gingen, durch Deutschland reisten, durch Kaufhäuser vagabundierten und Diebstähle begingen. Es ging diesen Schülern dabei aber durchaus nicht gut. Dies als lustvoll anzusehen, schien mir lediglich aus der Perspektive jener einzuleuchten, die sich darüber ärgern, daß eben einige zwar nicht lustvoll, aber immerhin angepaßt zur Schule gehen, während dies die sogenannten Schwänzer überhaupt nicht tun.

Hierzu etwas Sprachgeschichte: Im Englischen heißt Schulschwänzen „play hook [Haken] from school", im Amerikanischen „truancy" [truant: müßig, bummelnd], im Französischen „aller à l'école buissonnière [gebüschig]" (Ganther-Bührer, 1991: 12).

Die Alltagssprache spiegelt hier ein Verhalten jeweils nur von außen, sie vermittelt nichts von der inneren Perspektive, dem subjektiven Erleben derjenigen, welche die Schule meiden. Es scheint so, als seien erst durch die klinische Arbeit mit diesen Kindern und Jugendlichen Zuschreibungen wie „Schulangst" oder „-phobie" in den allgemeinen Sprachgebrauch gelangt. Dennoch sollten diese Umschreibungen für Schwänzen etwas näher betrachtet werden, da sie das Symptom durchaus etwas erhellen können:

Die englische Version [frei übersetzt: sich von der Schule abhaken spielen, ich assoziiere: einen Haken schlagen, fliehen wie die Kaninchen oder Feldhasen], aber insbesondere die französische Version, zur Gebüsch-Schule gehen, [ich assoziiere hierzu, sich in die Büsche schlagen] verweisen unverhohlen auf etwas nicht-integriertes Triebhaftes, das abgespalten und ausagiert werden muß, sofern es Elternhaus und Schule nicht gelingt, auch die triebhafte, lustbetonte Selbstentwicklung[17] des Kindes mit dem kognitiven Lernen zu verbinden.

Im Duden (1973) heißt „schwänzen" umgangssprachlich „die Schule u.a.. absichtlich versäumen". In dem Wort „absichtlich" ist ein etwas strenger Tenor fühlbar. Im Mittelhochdeutschen hingegen haben „swenzeln" bzw. „swanzen" noch ausschließlich lustvolle Bedeutun-

---

[17] Vgl. hierzu im zweiten Kapitel das Leistungsverhalten der „Nicht-Trotzkinder": Sie stehen bereits in ihren ersten beiden Lebensjahren vor der quälenden, unlösbaren Alternative etwas für sich oder für andere zu leisten.

gen: sich putzen, sich zieren mit einer Schleppe oder sich tanzartig bewegen.

Die Verschiebung vom Lustvollen zum Strengen findet sich auch im schweizerischen Sprachgebrauch:

> „Schwentzen" ist ein Ausdruck der Gaunersprache und heißt „müßig herumschlendern" vergleichbar der amerikanischen Vokabel „truant" „müßig sein, bummeln". Eine Tabuisierung des Lustvollen beginnt um die Jahrhundertwende[18], als den Zöglingen im Kindergarten für nicht krankheitsbedingtes Fehlen eine Wäscheklammer als „Schwänzchen" ans Kleid geheftet wurde. Heutzutage bedeute die Verweigerung des Schulbesuchs ein „in Frage stellen der Grundordnung, der Lebensführung, vielleicht sogar der Staatsordnung" (Ganther-Bührer, 1991: 12).

Das Fernbleiben von Pflichten, sei es der Kindergarten oder die Schule, wird mit der Verurteilung des womöglich Lustvollen sanktioniert. Natürlich fragt sich, was eigentlich tabuisiert werden soll. Ist es der verweigerte Schulbesuch oder handelt es sich um triebhaftes Geschehen [sich in die Büsche schlagen], das nicht nur stigmatisiert, sondern sogar bestraft werden muß?

Vor allem das letzte Zitat mag den Leser erschrecken oder zumindest befremden. Dennoch gibt oder hat es diese Auffassungen real gegeben: Auch in Deutschland wurde Schulverweigerung als ein strafwürdiges Delikt gerichtlich geahndet (Sack, Lüderssen, 1980). Erst der nähere Umgang und das sich Einlassen auf die Problematik dieser Kinder und Jugendlichen, insbesondere aber Suizide von Schülern, haben das öffentliche Bewußtsein verändert.

Dennoch ist nicht davon auszugehen, daß jetzt insbesondere die psychische Dynamik der Verweigerung bekannt ist. Wurden ein Kind oder Jugendlicher stationär aufgenommen, wurde anfänglich zwar noch der Grund der Einweisung, die Schwierigkeit mit dem Schulbesuch, benannt,

---

[18] Ebenfalls um die Jahrhundertwende sind von Binet und Simon die ersten Intelligenztestverfahren entwickelt worden, um aufgrund der zunehmenden Industrialisierung jegliche Arbeitskraft geeignet „verwerten" zu können. Psychisch Kranke, sogenannte Deppen oder Irre, die ehemals irgendeinen Platz in einer Dorfgemeinschaft fanden, fielen aus dem System. Vgl. hierzu Klaus Dörner, „Bürger und Irre". Ich könnte mir vorstellen, daß in einem solchen Zeitgeist es auch nicht mehr geduldet werden kann, daß sich Kinder nach Lust und Laune etwas Abwechslung gönnen Sie müssen frühzeitig an Arbeit und Pflichterfüllung gewöhnt werden.

im Mittelpunkt der Wahrnehmung stand jedoch das jeweilige psychische Grundleiden, daß sich mit dem Symptom verbunden hatte. Nur in vier Fällen wurden die für „Schwänzen“ und „Schulverweigerung“ vorgesehenen Diagnoseschlüssel verwendet: *Anderweitig nicht klassifizierbare Störungen des Sozialverhaltens* und *Spezielle emotionale Störungen des Kindes- und Jugendalters.* In den anderen Fällen stand das psychische Grundleiden im Vordergrund: 31 von 55 Kindern und Jugendlichen wurden nach dem Diagnoseschlüssel ICD 9 (1993) *Störungen aus dem neurotischen Formenkreis* attestiert, d.h. allgemein gesprochen, daß in diesen Fällen das persönliche Bindungsverhalten auffällig war oder im Argen lag und mit dem Symptom der Verweigerung einherging. Hierauf wird noch besonders zu achten sein[19].

Die begriffliche Festlegung in den Patientenakten auf „Schulvermeidung“, „Schulschwänzen“, „Schulangst“, „Schulverweigerung“ und „schulphobischem“ Verhalten schien eher vom Sprachgebrauch oder einem ersten klinischen Eindruck bestimmt zu sein, als daß kategoriale Überlegungen erkennbar waren, wie sie insbesondere bei Schlung (1987) zusammengefaßt sind.[20] Da aber auch dort auf Überschneidungen, auf Uneindeutiges hingewiesen wird, verzichte ich vorläufig auf differenzierte begriffliche Erläuterungen, denn in der Darstellung der Entwicklungsdynamik und der damit teilweise auftretenden Ängste und Phobien dieser Kinder und Jugendlichen werden begriffliche Überlegungen von selbst zur Sprache kommen.

Da der Leser aufgrund des Titels jedoch bereits weiß, daß ich hauptsächlich von „Vermeiden“ und „Weglaufen“ spreche, ist es notwendig, für das weitere Verständnis etwas vorab zu erklären. Zwei Aspekte legen nahe, grundsätzlich von *Schul“vermeidung“* zu sprechen: Zum einen der in der Fachliteratur allgemein akzeptierte Hinweis auf ein konflikthaftes unbewußtes Potential des Symptoms (Schlung, 1984) wie es sich auch alltagssprachlich kundtut, indem Triebhaftes, Lustvolles von der Schule abgespalten sanktioniert wird, und zum anderen die Tatsache, daß u.a. die Bindungserfahrungen dieser Kinder und Jugendlichen — wie ich sie im

[19] Die anderen Fälle wurden Persönlichkeitsstörungen; sexuellen Verhaltensabweichungen und Störungen; Funktionellen Störungen psychischen Ursprungs; akuten Belastungsreaktionen und Anpassungsstörungen zugeordnet.

[20] Vgl. u.a. Nissen, G. in: Harbauer, Lempp, Nissen, Strunk (1980), Specht, F. (1987), Mattejat (1981), Millar (1961), Kammerer (1981): zitiert nach Schlung, E. (1987) Die von mir vorgestellte psychodynamische Version von „Vermeiden“ und „Weglaufen“ kommt der formalen Gegenüberstellung von „Schulphobie“ und „Schulschwänzen“ nach Mattejat am nächsten.

folgenden Kapitel II beschreibe — „unsicher" und *„vermeidend"* sind. Dennoch wird mit dieser Begriffswahl nicht die vollständige Dynamik des Symptoms erfaßt:

Schul"verweigerung" bedeutet, daß die Gründe für das „Nein" zur Schule teilweise auch bewußt sind. Meistens ist jedoch von Mischungen auszugehen. Alltagssprachlich gesehen kommt in dem Wort „Verweigerung" jedoch wesentlich stärker die Macht und Aktivität zum Ausdruck, mit der die Schüler ihre Lehrer, Eltern oder Helfer konfrontieren, während das Wort „Vermeidung" im Sinne eines scheuen Umgehens hiervon — wenn auch vorhanden — wenig zu erkennen gibt.

Vom äußeren Verhalten her gesehen, bleiben „Schulvermeider" zu Hause, „Schwänzer" sind unterwegs, aber beide gehen nicht zur Schule. Sie ähneln sich, wie ich im folgenden Kapitel zeigen werde, nicht nur in diesem Punkt, sondern zeigen vergleichbare Verletzungen in ihrer Selbstentwicklung, die das Nein zur Schule einsichtig werden lassen. Da es in fast allen Fällen der sogenannten Schwänzer eine kurze Zeit des Schulvermeidens gegeben hatte, bis das *Weglaufen* oder das *Unterwegssein*, dominierte, habe ich statt von Schulschwänzern von *Wegläufern* gesprochen. Diese schulischen Verhaltensweisen von *Vermeiden und Weglaufen* zeigen, wie sich diese Schüler in ihrem jeweils individuellen Konflikt *bewegen,* indem sie *zu Hause bleiben* (*vermeiden*) oder *weglaufen* (schwänzen). In ihrer Art sich zu bewegen, unterscheiden sie sich, wie sie mit ihrer Angst und ihren Aggressionen umgehen, die wir bis jetzt noch nicht näher kennengelernt haben. Entwicklungspsychologisch gesehen, handelt es sich bei diesen Varianten von Verweigerung um zwei Seiten einer Medaille.

II. Das „späte" Nein als Entwicklungsperspektive

Überblick

Dieses Kapitel gibt darüber Auskunft, auf welche Weise Kinder und Jugendliche in ihrer Selbstentwicklung gestört werden können und wie dadurch die Schulvermeidung eine für das Kind zunächst sinnvolle Stabilisierung darstellt, mit der es sich schulisch gesehen zwar schadet, aber durch die Verletzung der Schulpflicht in das Licht der Öffentlichkeit gerät. Es entsteht ein Spannungsverhältnis zwischen Vermeidung und Gesehen-Werden, zwischen Abwehrbewegung und Wunscherfüllung.

Um den Sinn des Symptoms aufzuspüren, war zu fragen: Was erleben diese Kinder und Jugendlichen, welche zentralen Erfahrungen haben für das schulische Nein eine Rolle gespielt?

Wie erwähnt bleiben Schulvermeider zu Hause, die Wegläufer, die sogenannten Schulschwänzer, sind unterwegs, aber beide gehen nicht zur Schule. Sie ähneln sich nicht nur in diesem Punkt. Aus den Patientenakten war ersichtlich, daß bei den Wegläufern und den Vermeidern, die emotionalen Erfahrungen mit den Erwachsenen, in der Regel sind es die Eltern, Großeltern oder andere wichtige Bezugspersonen, gleichermaßen fragil, bedrohlich und ängstigend sind. Es ließ sich in allen 55 Fällen[21], bei Jungen und Mädchen gleichermaßen, bereits in den ersten drei bis vier Lebensjahren jeweils eine spezifische Vulnerabilität beobachten. Mit dem Begriff Vulnerabilität möchte ich hervorheben, daß das Verhalten dieser Schüler nicht pathologisiert werden sollte, auch wenn sie oftmals in psychotherapeutische Behandlung kommen. Diese Kinder und Jugendlichen sind schnell und tief verletzbar, weil sich Kränkungserlebnisse addieren, auf deren Grundlage Vermeiden und Weglaufen entstehen. An Schwellensituationen ihrer psychischen Entwicklung und

---

[21] In den Patientenakten der Jahre 1976-1994 hatte ich 80 Fälle gefunden, in denen bei der Einweisung Schulverweigerung und/oder Schulschwierigkeiten genannt wurden. Die nähere Prüfung ergab, daß in einigen Fällen Lernschwierigkeiten, Leistungs- und Verhaltensstörungen klinisch abgeklärt werden sollten. Es blieben 55 Fälle von Schulvermeidung übrig, wobei die Wegläufer bzw. Schwänzer als Vergleichsgruppe nicht mitgezählt sind.

konkreter Lebenssituationen kommen sie nur schwer zurecht, bis sie den totalen Rückzug antreten.

Auf diesem Rückzug sind bei allen diesen Kindern und Jugendlichen, wenn auch in unterschiedlicher Ausprägung, aber durchgängig in den einzelnen Entwicklungsabschnitten bis zur Pubertät und Adoleszenz Aspekte bedeutsam, die als Abfolge gesehen, eine Entwicklungslinie[22] für Vermeiden und Weglaufen ergeben.[23]

Das mütterliche Nein

Ein Liebesverhältnis trübt sich ein

Die erste Verletzungserfahrung war davon abhängig, inwieweit die entscheidenden Pflegepersonen während des ersten Lebensjahres imstande waren, auf die emotionalen, vor allem auf die aggressiven Impulse und Erregungen des Säuglings einzugehen und sie zu halten. Diese frühe Vitalität des Säuglings entfaltet sich besonders in der leiblichen Interaktion mit der Mutter, u.a. im lustvollen Strampeln gegen ihren Leib, im Greifen nach ihrem Gesicht, doch vor allem in einem gegenseitigen Abstimmungsprozeß, wodurch sich das kindliche Selbstgefühl entwickelt und die spätere Ich-Entwicklung gestützt wird (Jacobson). Das Kind muß sich willkommen fühlen, es möchte sozialen Austausch, den es jedoch nur in einer Sphäre des Willkommenseins erproben kann.

Der Säugling erlebt sein Verhalten (noch) nicht als aggressiv, denn diese frühen Erfahrungen dienen der allmählichen Entdeckung seines

---

[22] Der Begriff der „Entwicklungslinie“ bezieht sich auf A. Freud (1965) in: „Wege und Irrwege der Kindesentwicklung“. Stuttgart. 1991. Vgl. hier das Kapitel III.

[23] In dieses zweite Kapitel sind fortlaufend knappe Exkurse aus der psychoanalytischen Entwicklungstheorie eingeflochten. Ich bin den Kompromiß eingegangen, in einer einfachen verständlichen Sprache zu schreiben, um den Text auch für Nichtpsychologen zugänglich zu machen. Deshalb verzichte ich weitgehend auf umfassende Zitate und verweise stattdessen für den interessierten Leser auf die Autoren der zugrundeliegenden Literatur: Balint (1966), Blos (1962), Greenacre (1957), Jacobson (1964), Kernberg (1997), Lorenzer (u.a. 1970b, 1986, 1988), Mahler u.a. (1975), Richter (1967), Rotmann (1978), Spitz (1965), Stern (1979, 1992), Winnicott (1950, 1960, 1974).

Selbst und des Selbst seiner Bezugspersonen. Werden diese Erfahrungen eingeschränkt und muß sich das junge Kind zu sehr auf widrige Lebensumstände einstellen, so steht seine Vitalität nur vermindert der weiteren Entwicklung zur Verfügung (Winnicott). Das kann weitreichende Folgen haben:

Die Motilität des Kindes ist auch Ausdruck für sein — wenn auch noch unreifes — „Liebesverhältnis zur Welt" (Greenacre), selbst wenn diese Welt zunächst nur die Mutter ist. *Der Ausdruck „Liebesverhältnis zur Welt", impliziert die Vorstellung von Neugierde, Interesse und der Lust am Lernen, auch dem späteren schulischen Lernen.*

Wird in dieses Ausdrucksvermögen (oder seine Vitalität) eingegriffen, so werden die Aggressions- und Liebesfähigkeit eingeschränkt, indem aggressive Triebpotentiale nicht libidinös gebunden und damit neutralisiert werden. Die von den Erwachsenen abgewehrte Aktivität des Kindes muß ihm als schlecht und destruktiv erscheinen. Auf diese Weise wird die Fähigkeit beeinträchtigt, sich Menschen und Dingen zuzuwenden. Gleichzeitig ist das Kind seiner ungebundenen, von den Erwachsenen nicht gehaltenen Aggression ausgeliefert, die es nicht nur als Wut oder Haß, sondern auch als Einsamkeit und Angst erleben kann. Über diese Gefühle kann der Säugling nicht mit Worten, jedoch leiblich sprechen, denn sie hinterlassen Spuren in seiner leibseelischen Verfassung (Jacobson). Dies illustrieren, wie ich noch zeigen werde, die Schulvermeider in besonderer Weise.

Ein- und Übergriffe erlebt das Kind, wenn es von der Mutter oder seiner Pflegeperson entweder symbiotisch (fest)gehalten oder ausgestoßen wird. Das kann bei unerfahrenen, überforderten, somatisch erkrankten, bei depressiven oder psychotischen Müttern vorkommen. Auch von Wunschkindern fühlen sich Eltern manchmal überfordert, erst recht, wenn sie — wie in zwei Fällen bei den Schulvermeidern — nicht das erwünschte Geschlecht haben. Häufig wirken erschwerend eheliche Belastungen oder die Sorge um andere Familienmitglieder bereits während der Schwangerschaft oder kurz nach der Geburt des Kindes auf das Leben der Erwachsenen ein. Außerdem sollte neben der psychodynamischen Bedeutung dieser Ereignisse nicht übersehen werden, daß die Mutterrolle heutzutage oftmals emotional überfrachtet wird[24] und eine Mutter dadurch leicht in Versagensängste geraten kann.

[24] Nave-Herz, R.: Familie heute. Wandel der Familienstrukturen und Folgen für die Erziehung. Darmstadt 1994.

In beiden Varianten, dem symbiotischen Festhalten wie dem frühen Ausstoßen, ist das Kind in seiner Individualität nicht willkommen:

Dieses frühe Unwillkommensein
habe ich als mütterliches Nein interpretiert.
Dieses frühe Nein ist eine Vermeidung der „holding function".

Vermeidung gehört also zu den Grunderfahrungen dieser Kinder und zwar nicht nur in der Alternative von frühem Ausstoßen oder symbiotischem Festhalten, sondern auch in anderen Schattierungen, wie ich es den Patientenakten entnehmen konnte.

Auch Schlung (1987) hebt die besondere „Mutter-Kind-Interaktion" und „Mutterrolle" bei Schulvermeidern hervor. Er bestätigt aus meiner Sicht das mütterliche Nein, indem er jene Literatur zitiert, in der außergewöhnlich enge Bindungen beschrieben werden: Kinder schlafen außergewöhnlich lange im elterlichen Schlafzimmer, müssen sich beim Spielen in der Nähe der Mutter aufhalten oder ersetzen der Mutter die mangelnde Gefühlsbeziehung zum Vater. Andere Mütter sind unsicher, leiden unter mangelndem Selbstvertrauen oder werden von ihren Kindern beherrscht. Einige dieser Merkmale werden auch in meinen Fallbeschreibungen eine Rolle spielen.

Ich werde das mütterliche Nein jetzt in mehreren Varianten diskutieren.

Ausstoßen und/oder Festhalten

Elisabeth (8,6)[25] besucht die zweite Klasse und wird mit einer „schweren Schulphobie" in der Klinik vorgestellt. Diese beginnt im ersten Schuljahr, als sich die jüngere Schwester weigert, in den Kindergarten zu gehen. Zu Hause wird Elisabeth als „tyrannisierend" erlebt, in der Schule lernt sie „überdurchschnittlich", um „dran-zukommen", im Unterricht „macht sie mobil", um Zuwendung zu bekommen. Ich berichte aus ihrem ersten Lebensjahr:

Nach „vier Wochen Stillzeit mit Beinahrung" versorgte vorwiegend die Großmutter mütterlicherseits tagsüber den Säugling und begann „mit einem viertel Jahr" mit der „Sauberkeitserziehung". Ab sechstem Monat trug Elisabeth wegen einer Hüftluxation eine Spreizhose, so daß sie erst mit achtzehn Monaten laufen lernte.

---

[25] Diese und alle folgenden Vignetten wurden anonymisiert.

In der Aufnahmesituation schildert sich die Mutter als „schon immer ängstlich“, jetzt besonders, da in der mütterlichen Linie vier Angehörige an Krebs erkrankten und drei von ihnen daran unzeitig starben. Sie glaubt, mit ihrer Angst Elisabeths „unsicheres“ und „anlehnungsbedürftiges“ Verhalten gestützt zu haben.

Elisabeth erlebte beides in der Ängstlichkeit der Mutter: das symbiotische Umklammern, wie auch das insgesamt überwiegende frühzeitige Ausstoßen, so daß Mutter und Schulkind immer noch ängstlich aneinander festhalten müssen. Elisabeths Mutter war frühstmöglich wieder berufstätig geworden, so daß sich zwischen beiden kaum eine innere Abgestimmtheit ausbilden konnte. Später versucht Elisabeth in der Schule mit allen Mitteln „dran-zu-kommen“, als wollte sie die zu früh ausgebliebene Stimmigkeit (Stillzeit) mit der Mutter jetzt aufs Neue mit der Lehrerin inszenieren, wobei ihre Bedürftigkeit nach Resonanz und intensiver Zuwendung ihrem narzißtischen[26] Defizit entspricht.

Vermutlich hat sich die „ängstliche“ Mutter in der Versorgung des Säuglings auch von der Großmutter bestimmen lassen. Diese übernahm nach drei Monaten das „Pflege-Regiment“. Eine Sauberkeitserziehung mit drei Monaten zu beginnen, ist unvorstellbar, aber daß dies versucht wurde, zeigt, mit welcher Strenge und Rigidität dem Säugling begegnet wurde. Mit einem halben Jahr trägt Elisabeth eine Spreizhose, in einem Zeitabschnitt, in dem Kinder anfangen zu krabbeln, sich zu wenden und zu drehen. Es bedarf einiger Ermutigung durch die Pflegeperson, wenn das Kind die motorische Behinderung durch die Spreizhose überwinden soll. Bleibt dieser Zuspruch aus, erlebt es sich in seinem natürlichen Bewegungsdrang hilflos und ohnmächtig, das „Liebesverhältnis zur Welt“ trübt sich zwangsläufig ein.

Marion (14,4) erging es ähnlich. Sie erkrankte in den ersten Lebensmonaten an einer schweren Rachitis. Bis zum 13. Lebensmonat lag sie in waagerechter Lage im Bett, nachts wurde sie angeschnallt. Diese orthopädische Fixierung wurde beschönigend als „Stütz*kleid*“ bezeichnet. Zwar nicht die Krankheit, aber die Begleitumstände waren den Erwachsenen willkommen, und damit nicht das Kind: Äußerten doch Mutter und Großmutter, auf diese Weise ungestört ihrer Arbeit

[26] Gemeint sind die Defizite in der Selbstentwicklung des Kindes. Der Ausdruck „narzißtisch“ lehnt an an die „Sage von Narcissus: die Liebe, die man dem Bild von sich selbst entgegenbringt“ (Laplanche / Pontalis, 1973).

nachgehen zu können, ohne daß dem Kind äußerlich etwas passieren konnte.

Bei *Elisabeth* wird eine mehrfache Vermeidung sichtbar: Die Strenge der Großmutter übergeht einfach die reifungsgemäßen Bedürfnisse eines Säuglings. Sauberkeit zu trainieren, ist in diesem Stadium gewaltsam und bemächtigend, ein Verhalten, das Elisabeth als älteres Kind agiert, so daß die Eltern sie in der Klinik als „tyrannisierend" schildern. Durch das sich selbst Überlassensein beim Tragen der Spreizhose werden lustvolle Bewegungserfahrungen, das heißt, adäquat erlebbare Aggressionen, unterbunden. Das Kind bleibt in seinen überschüssigen negativen Affekten, mit Ohnmacht und Wut sich selbst überlassen. Deshalb ergeht sich Elisabeth später in der Therapie in „heftigen Schimpfkanonen" über die häusliche Situation, „die müssen den ganzen Tag den 'Arsch' voll haben".

Die folgenden Beispiele sollen lediglich die Vielfalt des mütterlichen Neins veranschaulichen, so daß die enthaltende Dynamik nur unvollständig oder facettenhaft zum Ausdruck kommt, aber im Sinne der bisherigen Interpretation einzuordnen ist.

„Nichts" ist erinnerlich

In 23 von 55 Fällen, war den Müttern *nichts* aus der Säuglingszeit erinnerlich. Ich habe dieses Nicht-Erinnern auch dann als Abwehr der kindlichen Bedürfnisse interpretiert, wenn in dem Aufnahmebericht plötzlich davon gesprochen wurde, daß doch etwas Ernsthaftes passiert war. Es verwunderte mich jeweils, daß ich aus den Schilderungen keinen Leidensdruck entnehmen konnte[27].

Bernd (11,9) war ein „ungewollter" Nachkömmling. Er wurde nicht gestillt, und es war „nichts erinnerlich". Später wurde er „asthmatisch" und entwickelte im zweiten Lebensjahr eine besondere Bindung an die Großmutter. Diese stirbt, als er acht Jahre alt ist und die zweite Klasse besucht. Die Schulvermeidung setzt sich mit elf Jahren durch, als der Vater für zehn Wochen im Krankenhaus liegt. Aber auch nach

[27] Es könnte eingewendet werden, daß der aufnehmende Arzt oder Psychotherapeut die Befindlichkeit der jeweiligen Mütter überhört hat, was ich bezweifle, denn in den Berichten stehen häufig emotional gefärbte Zitate.

der Gesundung des Vaters reagiert er auf das „Thema Schule“ wütend und trotzig, ebenso verweigert er sich Therapieangeboten in der Klinik, als sei das Maß nicht glaubhafter Bindungsangebote überschritten worden.

Christian (9,6) hat „nie gefremdelt“[28], es sei alles „ganz normal“ gewesen und er habe „nie Probleme gemacht“. Aber es gab „viel Streit“ zwischen den Eltern, da die Mutter die Schwangerschaft gegen den Willen des Vaters durchgesetzt hatte. Als er nun wegen seiner „Schulverweigerung“ in der Klinik vorgestellt werden soll, träumt er, er müsse in die Klinik, wo ihm ein Bein „abgehackt“ würde und die Mutter würde „zusehen“ und nichts dagegen tun.

Bei *Max (13,9)* hat es auch „keine Auffälligkeiten“ gegeben, aber er hat „viel geweint“, „gebrüllt“ und „wenig geschlafen“. Er sei eben ein „sehr lebendiges Kind“ gewesen. In Belastungssituationen näßt er immer wieder ein.

Benno (14,1) verbringt nach der Geburt zwei Monate im Brutkasten, nachdem seine Mutter eine lebensbedrohliche Schwangerschaft und Geburt überstanden hat. Er wurde „kurz“ gestillt und war ein „unauffälliges“ Kind. In der Klinik erscheint er später mit 14 Jahren als „adipöser Jugendlicher“.

Walter (17,9) ist „unauffällig“, wird aber im ersten Lebensjahr als „retardiert“ diagnostiziert.

Zu strenge Großmütter

In neun Fällen unterstützten bzw. übernahmen die Großmütter die Versorgung des Kindes, wie auch bei *Elisabeth* und *Bernd.* Wenn auch streng, waren sie doch meistens engagiert, und das Kind berichtet später von Bindungsgefühlen oder hat Verlusterlebnisse, wenn die Großeltern die Erziehungsaufgaben nicht mehr wahrnehmen können oder sterben:

Sarah (14,9) wird schon in den ersten Lebensmonaten ihrer Großmutter übergeben. „Oma“ ist das erste Wort, das sie sprechen kann. Als im zweiten Lebensjahr eine Schwester geboren wird und Sarah wieder einnäßt, muß sie zur Strafe auf dem Fußboden schlafen.

---

[28] „Nicht fremdeln“ (oder das Nichtauftreten der sog Acht-Monatsangst) ist ein Hinweis dafür, daß das Kind noch nicht angefangen hat, seine Mutter als von sich getrennt, als ein eigenständiges Gegenüber, zu erleben. Das ängstliche Sich-Anklammern an die Pflegeperson ist in diesem Alter ein Entwicklungsschritt. Bei einem Schulkind ist dieses Verhalten nicht altersgemäß.

Die Schulvermeidung beginnt mit neun Jahren, mit vierzehn Jahren fängt Sarah an wegzulaufen, weil die Großmutter „zu streng" sei. Dennoch kehrt sie nach jedem Weglaufen von sich aus zur Großmutter zurück. Diese fühlt sich Sarah nicht mehr gewachsen und beantragt deshalb „behördliche" Erziehungsunterstützung.

Generationen-Zirkus

Bei drei Jungen wurden die *realen familiären Beziehungsverhältnisse tabuisiert*, weil entweder die Mutter nicht auffindbar war (*Sven*), oder die Mutter so sehr das männliche Geschlecht ihres Kindes ablehnte (*Roland*), daß die Großmutter ihren Enkel zu ihrem Kind werden ließ. Die leibliche Mutter übernahm verdeckt die Rolle der Schwester, die Großmutter die der Mutter, die Urgroßmutter wurde zur Großmutter:

Sven (14,9) ist ein Siebenmonatskind. Nach der Geburt liegt er für ein viertel Jahr im Brutkasten, lebt dann ein viertel Jahr bei der Mutter, die danach plötzlich nicht mehr auffindbar ist. Mit sechs Monaten kommt Sven mit einem Leistenbruch und Hodenhochstand für drei Wochen ins Krankenhaus. Die Großmutter nimmt ihn zu sich, sie wird seine Mutter. Wenn seine leibliche Mutter erscheint, wird sie als seine Schwester ausgegeben. Als die Großmutter aus Überforderung und Altersgründen die Erziehung an die leibliche Mutter abgeben will, soll seine vermeintliche Schwester nun plötzlich die Mutterrolle wahrnehmen. Außer der Schulvermeidung wird insbesondere sein „Störverhalten" hervorgehoben. Es ist doch offensichtlich, daß Sven *verstört* sein muß, haben doch zuerst die Erwachsenen die Ordnung der Generationenverhältnisse gestört und auf den Kopf gestellt!

Roland (16,3) hat ein ähnliches Schicksal. Außer seiner Schulvermeidung wird besonders sein „clownhaftes Verhalten" getadelt, er lebe in einer „Zirkuswelt". Wie wahr das ist! Nur wird Roland von den Erwachsenen für etwas kritisiert, was diese initiiert haben.

Das falsche Geschlecht

Auch *Knuts (14,2)* Mutter kann nicht ertragen, daß ihr Kind ein Junge ist. In der zweiten Lebenswoche kriegt er eine Lungenentzündung und verbringt sechs Wochen im Krankenhaus. Danach lebt er die ersten drei Jahre bei der Großmutter, wird jeweils mit sechs, acht, neun und zehn Jahren am Genital operiert. Weitere Symptome zu seinem Weglaufen sind „aggressives" Verhalten und Stehlen. Er geht mit einem

Hund auf den Bahngleisen spazieren. Zum Glück passiert nichts. Es wird eine Heimunterbringung erwogen, womit er einverstanden ist, wenn er dort nur „angeln" kann. Sein verletztes Selbst hat sich auf ein Symbol zurückgezogen.

Jan (10,10) wird im Alter von zwei Monaten mit Verstopfung ins Krankenhaus eingeliefert. Ab dem sechsten Monat leidet er an „Erstickungsanfällen". Bei seiner Geburt sagte die Großmutter: „Schon wieder kein Mädchen." Vermutlich hat sich diese Ablehnung in der Generationenfolge auch bei der Mutter erhalten.

Vermeintliche Wunschkinder

Obwohl *Marion (14,4)* ein Wunschkind war, wurde sie als Baby nie anderen Menschen außerhalb der Familie gezeigt oder im Kinderwagen ausgefahren. Bei der Geburt macht sich die Mutter die Bemerkung einer Krankenschwester zu eigen, Marion sehe aus wie ein „abgezogenes Kaninchen".

Stephan (11,9) ist auch ein Wunschkind, wird nicht gestillt, aber seine Mutter wird nach wenigen Monaten „Trinkerin". Er leidet an spastischen Bronchitiden.

Versorgungsprobleme

In den überwiegenden Fällen (32 von 55) hatten die Mütter das Kind versorgt, aber es wurden Versorgungsprobleme benannt, die auf eine mangelnde Abstimmung zwischen Mutter und Kind hinwiesen:

Michael (11,2) war unruhig, schrie bis zum Blauwerden und hat die ersten sechs Monate schlecht gegessen. Als weitere Symptome zur Schulverweigerung werden „Kontaktabbruch", „Badeangst" und „Nahrungsverweigerung" genannt.

Bei *Nils (12,4)* habe es keine Ernährungsprobleme gegeben, aber im siebten Monat kommt er mit Exsikkose [Austrocknung] ins Krankenhaus. Mit beginnender Schulvermeidung neigt er zu aggressiven Ausbrüchen, reißt sich die Haare aus und fängt an, „zu viel zu essen".

Dagmars (13,6) Mutter berichtet von einer seit Jahren währenden „heftig umkämpften Nahrungsaufnahme". In den ersten Lebensjahren wurde Dagmar von der Großmutter betreut. Nach wenigen Monaten wurde eine „Entwicklungsverzögerung" beobachtet, Dagmar „aß kaum, nahm wenig an Gewicht zu, bewegte sich wenig". Auch in der Schule bewegte sie sich nicht mehr, bewirkte sogar eine Rückversetzung von der siebten in die sechste Klasse zu einer „netten" Lehrerin, was eigentlich aufgrund Dagmars „überdurchschnittlichen Leistungsniveaus" unüblich ist. Nach wenigen Tagen bleibt Dagmar wiederum zu Hause und ruft seitdem mehrmals täglich ihre Mutter im Büro an, macht sich um deren Gesundheit Sorgen mit den Worten: „Paß gut auf Dich auf!" Bei diesen Telefonaten steht vor ihr auf dem Küchentisch ein „vergrößertes Bild" der Mutter.

Arne (14,0) kommt jeweils mit drei und neun Monaten mit Erbrechen ins Krankenhaus. Später ist er immer ein „nettes pflegeleichtes Kind" gewesen. In der Schule versteckt er sich auf der Toilette, weil er „gehänselt" wird.

Monika (11,0) hat „immer gut gegessen", wird „übergewichtig" und bricht sich ein Bein, als sie mit neun Monaten der Mutter vom Schoß rutscht [oder fällt?].

Seelische Beeinträchtigung und leibliches Unwohlsein

Wenn in späteren Jahren die Schulvermeidung wirksam wurde, stand neben der dann benannten seelischen Beeinträchtigung, wie beispielsweise

- phobische Zustände,
- angstvolle Zustände,
- Gefühle von Verlassensein,
- Wut- und Trotzreaktionen,
- aggressive Ausbrüche,
- Haare ausreißen,
- Einnässen,
- Clownerien,
- Angst vor Neuem, vor Mitschülern, vor Erwachsenen
- sowie Rückzug und Kontaktabbrüchen

auch immer ein leibliches Unwohlsein im Vordergrund, so daß zunächst über ärztliche Atteste das Fehlen in der Schule begründet wurde, bis sich herausstellte, daß kein körperliches Grundleiden vorlag. Die von den Kindern und Jugendlichen benannten Beschwerden knüpften an die leibseelischen Beschwerden des ersten Lebensjahres wieder an (Jacobson), vorwiegend mit Erkrankungen der Atem-, Ernährungs-, Verdauungs- und Ausscheidungssysteme:

- mit Asthma, Bronchitis,
- mit Bauchschmerzen, Übelkeit, Erbrechen, Magenschmerzen, Nahrungsverweigerung, Essenszunahme, Adipositas,
- mit Durchfall
- und Blasenbeschwerden,

außerdem wurden benannt:

- Kreislauflabilität, Schwindel, Drehschwindel,
- Kopfschmerzen,
- Unfälle,
- und Suiziddrohungen.

Schlung (1987) hat aus 41 Artikeln eine Tabelle erstellt, in der bei „schulphobischem Verhalten" sowohl gehäuft Störungen im Bereich des Magen-Darmtraktes (Erbrechen, Bauchschmerzen, Übelkeit und Durchfall) wie auch vegetative Symptome (Zittern, Herzsensationen, Schwäche, Schweißausbruch) vorkommen. Diese Übersicht deckt sich mit den anamnestischen Daten aus den Patientenakten. Diese körperlichen Symptome stehen jetzt jedoch nicht mehr isoliert, sondern verstehen sich aus der frühen gestörten Beziehung zur Mutter oder einer anderen Pflegeperson. Sie sind ein erster Fixierungspunkt auf dem Weg des Rückzuges.

Das Nicht-Trotzkind

Der Beginn des Konfliktes

Wir betrachten jetzt das *zweite/dritte Lebensjahr*. Unter günstigen Umständen entwickelt sich aus der positiv verlaufenen Trotzphase, aufbauend auf den Erfahrungen des ersten Lebensjahres, die Autonomie des Kindes weiter. Dabei spielt es eine Rolle, inwieweit die im ersten Lebensjahr begonnene Separation gestützt und gehalten werden kann. Unter Separation ist zu verstehen, daß das Kind erkennt und erträgt, daß es mit der Mutter nicht mehr so verbunden ist wie in seinen ersten Lebensmonaten. Bei *Elisabeth* hatten wir gesehen, daß die Separation von außen forciert wurde und sich nicht ausschließlich infolge eines inneren Wachstums vollzog, und ferner, daß vermieden wurde, auf ihre vitalen Bedürfnisse als Säugling und Kleinkind einzugehen.

Das Kind stellt sich auf seine (Hinter)Beine und trotzt, nicht nur im übertragenen Sinne, lernt es doch laufen und sprechen, seine Hände werden geschickter, es kann sich innerlich und äußerlich immer besser fort bewegen, und das möchte es zeigen und immer wieder erleben. *Dagmar* „bewegte sich wenig", was sie auch als späteres Schulkind vermied. Die Vorstellungen von Eltern und Kind sind bei diesem wichtigen, jedoch unbequemen Entwicklungsschritt selten stimmig. Die Proteste des Kindes sind oft kaum lenkbar, aber es soll sich im vertretbaren Rahmen behaupten können und *begrenzte* Autonomie erfahren, damit es seine eigenen aggressiven, vitalen Kräfte, sein Können, als konstruktiv und nicht vernichtend erleben muß.

Die Schulvermeider bringen jedoch aus dem ersten Lebensjahr bereits eine negative Hypothek mit: Sie wissen unbewußt, daß sich vitale Äußerungen nicht lohnen, schon gar nicht lustvoll sind, sondern eher dazu führen, mit den Folgen allein gelassen zu werden, mit der Ohnmacht und Wut nicht gehalten zu werden. Diese ohnehin schon einsamen Kinder sind einem Reifungsdruck ausgesetzt, sie befinden sich permanent in einer *psychischen Schwellensituation*. Es gelingt ihnen nicht, die Schwellen zu überwinden und neue innere Räume zu betreten, zumal sich deren Bezugspersonen ja auch nicht geändert haben. Sie verharren an den inneren Schwellen. In späteren Jahren wird die Schulvermeidung an äußeren Schwellen, für andere Schüler belanglosen Daten wie der Beginn einer Woche oder eines neuen Schuljahres ausgelöst. Dieses Verhalten löst dann Befremden aus. Aber das innere Sitzenbleiben ist viel schlimmer, als in der Schule nicht versetzt zu werden. Dagmar hatte unbewußt ein gutes Gefühl für ihre innere Situation, aber das äußerlich herbeigeführte Sitzenbleiben, die Rückversetzung in die vorhergehende Klasse zu einer „netten“ Lehrerin, konnten ihr nicht helfen und das Entwicklungsdefizit ausgleichen.

In den Patientenakten fiel auf, daß die Trotzphase oft überhaupt nicht erwähnt wurde oder die Mütter sich nicht an ein trotziges Verhalten ihres Kindes erinnern konnten, ähnlich der Beobachtung, daß „nichts“ aus dem ersten Lebensjahr erinnerlich war[29]:

> Bei fünf (von 36) Jungen hieß es, sie hätten *„keine Trotzphase"* durchgemacht, bei vier Jungen wurde „nichts“ bemerkt, in 21 Fällen wurde in der Akte nichts erwähnt. Bei einem Mädchen (von 19) wird immerhin ausgesprochen, es habe „keine“ Trotzphase gehabt, „nichts erinnerlich“ war in zwei Fällen, unerwähnt blieb diese Phase in neun Fällen.

Im Vordergrund steht wiederum eine Vermeidung, das Nichtwahrnehmen oder auch eine beginnende Angst des Kindes vor sich selbst, vor seinen vitalen Wünschen. Somit erscheint das Kind jetzt angepaßt, wenig auffällig und damit unsichtbar. Dies wirkt sich später verstärkt bei den jugendlichen Schulvermeidern aus.

> Einige Kinder zeigten stattdessen andere Symptome, indem sie die ungebundene Aggression auf sich selbst richteten: mit Nägelkauen, Haare ausreißen, mit dem Kopf gegen die Wand schlagen. Manchmal wird auch *nur* von nicht näher erklärten Unruhephasen gesprochen.
>
> Zwei Mädchen hätten jedoch, soweit berichtet wurde, eine „normale“ und ein Junge, wenn auch verspätet „im Alter von fünf bis sechs Jahren“, eine „starke“ Trotzperiode erlebt. Eine Mutter berichtet immerhin, ihr Sohn habe mit zweieinhalb Jahren „Affektkrämpfe“ und *einen einzigen* „anfallsartigen Unruhezustand“ gehabt, den sie als „Wutanfall“ erlebt habe.

---

[29] Das Nichterwähnen der Trotzphase kann nicht als anamnestisches Übersehen und meine Interpretation damit nicht als Artefakt gewertet werden, da die psychosoziale Entwicklung immer erfragt wurde.

Eltern können jedoch auch dem Trotz ihres Kindes ausweichen, entweder durch Verwöhnung und dem Verzicht auf Regeln, oder es werden strafende Sanktionen aufgestellt, die das kindliche Aufbegehren unterdrücken oder brechen:

> Verwöhnung kam bei Nachkömmlingen („Nesthäkchen"), einzigen Söhnen, bei von Vätern bevorzugten Töchtern oder aus Sorge um gesundheitliche Beeinträchtigungen (Asthma, Sehschwäche) vor.
>
> *Uwe*, über den ich noch berichten werde, ist wütend, aber seine Aggressionen finden keinen Halt, weil die Eltern ihn gewähren lassen. Sie fördern früh seine Unabhängigkeit. Diese vermeintliche Autonomie fällt jedoch unabgegrenzt, ungehalten ins Leere.
>
> Ein anderer Junge sei mit drei Jahren „deutlich in der Trotzphase" gewesen, die Mutter habe aber „konsequent" reagiert.

Manchmal entfaltete sich das Trotzen an der Sauberkeitserziehung, die in wenigen Fällen bereits im ersten und zu Beginn des zweiten Lebensjahres erzwungen wurde, jedoch bei den meisten im dritten bis fünften Lebensjahr abgeschlossen war. Auffällig war das (häufige) Wiedereinnässen „in Belastungssituationen". In wenigen Fällen wurden die Episoden um die umkämpfte Sauberkeitserziehung anschaulich dargestellt. Ich zitiere diese Szenen, denn sie veranlaßten mich in diesem Zusammenhang, über das spätere Leistungsverhalten in der Schule nachzudenken:

> *Inge (10,9)* „hielt den Stuhl zurück, bis e[s] so hart war, daß die Entleerung zur Qual wurde. Die Mutter versuchte gegen Inges Widerstand mit Zäpfchen zu helfen". Aufgrund dieser Schwierigkeiten entstand der erste Kontakt zu einer Erziehungsberatungsstelle, es wurde eine *Sonderbehandlung* in einem Spielkreis empfohlen. „Inge näßte mit zweieinhalb Jahren nicht mehr ein, bis dreieinhalb kotete sie immer wieder ein, bis zu dem Zeitpunkt, als die Mutter bei einem Verwandtenbesuch keine Windeln dabei hatte und die Tochter mit Gewalt auf der Toilette so lange festhielt, bis das Geschäft klappte."
>
> *Marion (14,4)* wurde auf „Rat der Oma [...] bereits mit einem Jahr auf den Topf gesetzt, mit viel Spielzeug [...], weil es ja länger dauerte. Es traten Verdauungsbeschwerden auf (Bauchweh, Obstipation). Gabe von Laxantien. Auf Trotz und Unwillensäußerungen der zweijährigen Tochter reagierten Mutter und Oma gekränkt, erlebten sie als

Ausdruck v[on] Ungehorsam u[nd] Undank ('sie bekommt doch alles, *das* darf doch nicht wahr sein')."

Sarah (14,9), eine Wegläuferin, mußte auf dem Fußboden schlafen, wenn sie nach der Geburt der Schwester im zweiten Lebensjahr wieder einnäßte.

Es addieren sich die Kränkungserlebnisse. Im ersten Lebensjahr mangelte es an Vermittlungsprozessen zwischen Mutter und Kind, ebenso wenig einvernehmlich entwickelt sich die Sauberkeitserziehung. Die kindlichen Widerstände werden weder (aus)gehalten noch im Miteinander aufgelöst, so daß die „Gabe" von Zäpfchen und Laxantien, das Festhalten mit Gewalt oder die Autonomie der Eltern als Überwältigung, als Eingriff erlebt werden müssen. Selbstbehauptung wird nicht lustvoll, eher destruktiv erlebt.

Dadurch, daß diese Kinder ihre vitalen Bedürfnisse verleugnen müssen, stehen sie seit ihrem ersten Lebensjahr unter einem permanenten *Leistungsdruck* gegenüber ihren Eltern. Das Tun der Kinder dient nicht der Stärkung ihres Ich, sondern dem Selbst ihrer Eltern. Das erste konkrete Leistungserleben, wiederum in einem sozialen Kontext befindlich, ist negativ. Auch schulisches Lernen hat einen sozialen Ort, so daß es nicht verwundern dürfte, wenn sich dort die Vermeidung wiederholt.

Zu dem Aspekt der *frühen Kontaktstörung* gesellt sich jetzt der Aspekt der *frühen Leistung(sstörung)*. Wie wir wissen, hat Schule viel mit Leistung zu tun. Diese Kinder leisten bereits im ersten und zweiten Lebensjahr zuerst etwas für andere, ehe sie am eigenen Tun *Lust* empfinden können. Eher noch mutet das Verhalten in der Sauberkeitserziehung wie eine unbewußte Lust an der Verweigerung an, die durchaus in Beziehung steht zu der umkämpften Verteidigung der späteren Schulvermeidung:

> Beispielsweise versuchte ein Elternpaar, jeden Morgen die Tochter anzuziehen, aus dem Haus ins Auto zu tragen und zur Schule zu fahren. Sobald dem Mädchen der zweite Schuh angezogen war, zog es den ersten wieder aus. Beim Hinaustragen krallte es sich mit den Fingern am Türrahmen fest, so daß die Fingerkuppen allmählich blutunterlaufen waren.

Kehren wir zurück ins zweite/dritte Lebensjahr. In dieser Zeit entwickeln und verfeinern sich Motorik und Sprache. Die Freude am eigenen

Können, etwas zu bewirken, gipfelt kognitiv und verbal in der *Entdeckung des Ich* und des *Nein* (Spitz). Wir haben jedoch gesehen, daß die Eltern der späteren Schulvermeider nicht neugierig auf deren Subjektivität sind. Diese Kinder entdecken zwangsläufig, daß sie *als unsichtbares Kind,* mit dem man sich nicht beschäftigen und auseinandersetzen muß, *willkommen* sind.

Die emotionale Vermeidungshaltung der Erwachsenen zu den Kindern ist fast ein Paradigma für die spätere soziale Vermeidung in der Schule. Dort geht es ja (auch) um Leistung, wobei das Kind in seiner Ganzheit *sichtbar* werden muß. *An dieser Stelle beginnt der Konflikt, dem das spätere Schulkind früher oder später ausgesetzt ist. Es kann den Raum des Sichtbarseins nicht ausfüllen, nicht weil ihm die kognitive Reife für den Schulbesuch fehlt, sondern weil diese fremde Situation unbewußt Ängste mobilisiert.* Deshalb äußern manche Kinder, sie hätten Angst vor der Schule, so daß sie dort nicht lernen und auch nicht bleiben können. Schul*angst* begleitet also lediglich die Schulvermeidung, weshalb ich der Ansicht bin, daß auf das ausdrückliche Hervorheben der Schulangst als einer Form von Schulverweigerung verzichtet werden kann.

Prospektiv gesehen, *ist das spätere und vehement verteidigte Nein zur Schule ein verspäteter Entwicklungsschritt*, eine Art später Zuwendung zu sich selbst, da sich das Kind und der Jugendliche nunmehr — allerdings aus der Not geboren — plötzlich trauen, etwas für sich statt für andere zu tun. Dies tun sie jedoch weder allein noch als bewußte Gegenwehr gegen ihre Familien, sondern im Schutz ihrer schulischen Öffentlichkeit. Das erwähnte Spannungsverhältnis zwischen Wunsch und Abwehr, zwischen Vermeidung und Sichtbarsein gewinnt allmählich Konturen, besonders aber in der Pubertät und Adoleszenz.

Der „Prinz der Familie"

Im Fall *Uwes (9,5 Jahre alt)* verbleiben wir noch in der Latenz. Zunächst berichte ich verkürzt über seinen Aufenthalt in der Klinik und versuche dann, diese Informationen zu interpretieren:

> Wegen „erheblicher Schulangst mit Schulverweigerung sowie aggressiver Verhaltensstörung" wurde Uwe einen Monat lang stationär behandelt, weil seitens der Schule Druck zum Schulbesuch ausgeübt wurde. Bei der Klinikaufnahme habe er „stark gewütet", „weil die

Eltern es nicht gewagt hatten, ihm von der geplanten stationären Behandlung zu erzählen".

Er wurde mit sieben Jahren eingeschult und ging damals in die dritte Klasse. Seit der ersten Schulwoche gab es „fast jeden Tag Theater" wegen „aggressiven, nicht angepaßten und störenden Verhaltens in der Schule". Nach einer Versetzung in die Parallelklasse stellte sich bald das bekannte Zustandsbild wieder her. Nach und nach weigerte sich Uwe, zur Schule zu gehen. Vierzehn Tage vor Ostern (vor einem Jahr) stellte er den Schulbesuch völlig ein. Er war „in der Schule mit dem Fuß umgeknickt und ha[tt]e sich einen Knöchelbruch und Bänderriß zugezogen, der im Krankenhaus behandelt wurde". Über eine Radiosendung auf Anregung des Hausarztes erfolgte eine Hochbegabtenuntersuchung in einer anderen Universitätsstadt (IQ 128), anschließend wurde Uwe ein halbes Jahr lang „spieltherapeutisch" betreut. Dies wurde Anfang des Jahres abgebrochen mit dem Hinweis, „nicht das Kind, sondern die Eltern hätten Probleme und bedürften einer Therapie".

Inwischen geht Uwe gern zu den Pfadfindern (Änderung der sozialen Anpassung), im Sommer sei eine größere Reise geplant, er schwimme gern, spiele gerne draußen mit anderen, baue Höhlen, spiele „Krieg", fahre gerne Rad, sehe „relativ" viel fern, höre Radio, baue mit Lego und Fischer-Technik, erhalte drei Mark Taschengeld wöchentlich.

Die Mutter ist momentan halbtags berufstätig, bis vor etwa fünf Monaten ganztags. „Beide Eltern machen einen ruhigen, gewährenden, wenig durchsetzungsfähigen Eindruck." „Uwe ist Einzelkind."

Über seine psychosoziale Entwicklung ist zu erfahren, daß Uwe kurze Zeit gestillt wurde und seit der Säuglingszeit eine Abneigung gegen Obst und Gemüse habe. Er sei „lebhaft, aktiv und motorisch unruhig" gewesen, konnte mit zehn Monaten frei laufen, hatte mit sechs Monaten links eine Augenerkrankung [Horner-Syndrom], das sich „mit den Jahren" besserte. Erste Worte mit zwei Jahren, dann Überholung Gleichaltriger „mit Wortschatz und Beredsamkeit", trocken und sauber mit zweieinhalb Jahren. Mit zwei bis drei Jahren Windpocken, häufig Erkältungen.

Die ersten Jahre wurde Uwe *„als mutterbezogenes Einzelkind und Prinz der Familie verwöhnt [...]; er machte von daher auch kaum eine nennenswerte Trotzphase durch, die Mutter empfand ihn aber als anstrengend".*

„In Gruppen gab es von Anfang an große Probleme, weil Uwe sich auf jeden Fall durchsetzen wollte. Im Kindergarten (3,5) war er nicht angepaßt, wollte als 'früher Chef' dominieren oder verweigerte sich." „Motorisch war er damals hinter den Kindern zurück. Er fühlte sich damals schon oft ungerecht behandelt, worauf die Eltern teilweise eingingen."

„Sowohl in der Spieltherapie als auch auf der Station war Uwe verbal sehr aggressiv, er wollte mit Nitro-Bomben sowohl die Schule als auch die Klinik in die Luft sprengen, uns alle abschießen, alles kaputthauen, schließlich Selbstmord begehen. Nach solchen fürchterlichen Drohungen ging es ihm jeweils besser." Uwe „reagierte leicht beleidigt und wütend, es fiel ihm sichtlich schwer, sich an bestimmte Regeln zu gewöhnen. Nach einigen Tagen genoß er es jedoch, mit anderen Kindern spielen zu können."

In projektiven Testverfahren zeigte Uwe zum Vater ein besseres Verhältnis als zur Mutter. „Die Mutter wird als kleiner Angsthase erlebt, die ihm keinen Halt gibt und mit der er alles machen kann."

Es wird ein Intelligenztest durchgeführt. „Dieses Ergebnis [IQ 128] wurde den Eltern nur insofern mitgeteilt, als Uwe in der Schule leistungsmäßig keine Schwierigkeiten haben müßte; nicht in der Form daß, wenn der hochbegabte Uwe Schulprobleme habe, es nur an den Schülern, Lehrern oder ähnlichem liegen könne."

Uwes Selbsterleben spielt sich für mich in seiner Rolle als *Prinz* und der Erfahrung ab, von *fliehenden Objekten* umgeben zu sein. Die eigene Grandiosität fällt ins Leere, bricht haltlos zusammen und führt zu Angst, Aggression und Schulvermeidung. Dementsprechend empfinde ich die *Fußverletzung in der Schule als auslösende Situation* oder Moment des Kippens, daß etwas für ihn getan werden muß.

Fliehende Objekte

Uwe bezeichnet seine Mutter als Angsthase (Fluchttier) und ist über ihre Pseudonähe irritiert. Das Verhältnis zum Vater scheint etwas besser zu sein. Uwe sehnt sich nach Geborgenheit und Sicherheit, und obwohl ihm scheinbar alles von den Augen abgelesen wurde, sprach er selbstängstigende Todesdrohungen aus. Beide Eltern sind nicht fähig zu konstruktiven Konfrontationen und schaffen damit keine haltenden Strukturen als Voraussetzung, aggressive Phantasien zu integrieren in Verbindung mit empathischem und liebevollem Verstehen.

Seit der Säuglingszeit hat Uwe eine Abneigung gegen Obst und Gemüse. Es geht aber nicht um die konkrete Nahrung, sondern um den

Dialog, wie die Nahrung verabreicht wird. Dadurch, daß Uwe zu früh sich überlassen bleibt, kommt es zu keinem Aushandeln. In der Folge muß er sich auf etwas wie „kein Obst und Gemüse“ versteifen. Er spricht sehr früh aus: Was Du mir anbietest, kann ich nicht gebrauchen. Ebenso hat sich Uwe früh (mit zehn Monaten) von der Mutter wegbewegt. Die (Strampel)-Aggression war nicht auf den Leib der Mutter bezogen, denn sie hat ihn zu früh weglaufen lassen (mütterliches Nein). Ebenso trauen sich die Eltern nicht, Uwe von dem bevorstehenden Klinikaufenthalt etwas zu sagen, so daß er dort maßlos wütend wird. Auch hier wird nichts in der konflikthaften Interaktion ausgehandelt, sondern man läßt Uwe machen und läßt ihn damit allein, indem man scheinbar friedlich über ihn verfügt.

Die Eltern erweisen sich als scheu und ängstlich, sie vermitteln nicht, was für Uwe gut ist: Sicherheit durch Grenzsetzung. Das Vermeidungsverhalten der Eltern steckt im Fliehen, *so daß Uwe aufgrund der fehlenden konfliktfähigen Interaktion ein Nicht-Trotzkind wird, obwohl er maßlose Wut und Aggression hervorbringt und gerade damit unverstanden bleibt.*

Seine Hohheit, der Prinz

Die Mutter-Kind-Dyade ist schwach. Uwe werden die Wünsche von den Augen abgelesen. Man brauchte ja dann vielleicht nicht erziehen zu müssen, weil das Kind alles hat! Im Gegenteil, Uwe möchte sich auch selbst steuern, aber wie soll er wissen, was gut oder schlecht ist, wenn er in allem verwöhnt wird? Hierfür sprechen auch seine fast umtriebig wirkende Entwicklung nach dem ersten Lebensjahr wie auch seine vielfältigen Interessen, als suchte er nach etwas, was ihn fesseln (halten) könnte.

Das Leben außerhalb der Familie, im Kindergarten und in der Schule, wird für Uwe demzufolge zu einer einzigen sozialen Kränkung, worauf er aggressiv und unflexibel als „Chef“ reagiert. Die Eltern greifen zu einem Strohhalm, als sich Uwe als hochbegabt herausstellt. Er erhält über die Vermittlung der Universität eine Spieltherapie. Wieder wird Uwes Exklusivität, sein Sonderstatus, gepflegt. Es ändert sich in seinem Sozialverhalten (Aggression, Schulvermeidung) nichts, so daß die Probleme an die Eltern, als therapiebedürftig eingestuft, diesmal *zurückdelegiert* werden.

Seine sich selbst zugefügte Fußverletzung erscheint, als wollte er sich (endlich) selbst begrenzen, denn krank kann er nicht zur Schule gehen und muß nicht, im Sinne eines autoaggressiven Selbstschutzes, nach außen sichtbar aggressiv werden.

Es kommt zur Einweisung in die Klinik, und die Eltern trauen sich nicht, etwas zu sagen. Stattdessen wird Uwe maßlos und ungesteuert aggressiv, das heißt mit destruktiver Wirkung für sich selbst und die Umwelt.

Die Trennung von den Eltern in der Aufnahmesituation gestaltete sich bei vielen Kindern und Jugendlichen, vor allem den Jungen, problematisch: mit Weinen, Rückzug, Sachbeschädigungen, Wutausbrüchen, Fluchtversuchen oder Entweichungen nach einem Wochenendurlaub oder noch am gleichen Tage. Bei der Aufnahme der Mädchen wurden die Trennungssituationen selten beschrieben, es fanden sich lediglich zwei Anmerkungen: sie „findet sich wider Erwarten schnell ab", oder sie war „erst traurig, dann wütend". Einige Autoren interpretieren Schulvermeidung als Trennungsangst. Diese scheint sich entsprechend des äußeren Verhaltens in der Aufnahmesituation zu wiederholen. Passender scheint mir jedoch zu sein, davon zu sprechen, daß in der stationären Trennungssituation im Schutz der Klinik offen ausbricht, was bisher vermieden und in der Familie nicht zugelassen wurde: die gehaltene Aggression, ohne die eine Selbstfindung nicht möglich ist. Aus diesem Grunde können Kinder und Jugendliche im Schutz der Klinik die Klinikschule besuchen, ohne daß explizit mit einer Psychotherapie begonnen wurde, allein die Aufnahme in die Klinik bzw. die Trennung von den Eltern hat bereits therapeutisch gewirkt.

In der Klinik kommt es bei Uwe mehrfach zu Mord- und Selbstmorddrohungen. Entweder handelt es sich um die verzweifelten Versuche, Grenzen und einen Halt zu finden, oder um einen Test, ob die Betreuer in der Klinik etwa auch Angsthasen sind, die vor der Auseinandersetzung mit seiner Aggression davonlaufen. Sie sind es nicht, so daß Uwe die Trotzphase, das erste Erleben und Erüben von späterer Konfliktfähigkeit, in der zweiten und dritten Grundschulklasse konstruktiv nacherleben kann. Denn zur Grandiosität gehören Narzißmus und Aggression: Was er in der Klinik darf, diese in seiner Phantasie in die Luft sprengen, darf er zu Hause nicht, denn die Mutter hat Angst vor seinen Aggressionen. Es kommt nach und nach zu einer Beruhigung, so daß Uwe wieder zur Schule gehen kann.

Die Suche nach dem Vater

Das Fehlen des Vaterschutzes[30]

Im Laufe des dritten und gegen Ende des vierten und fünften Lebensjahres kann ein Kind bei einem durchschnittlich guten Elternpaar erleben, wie seine ödipalen Inszenierungen[31] liebevoll integriert werden. Das soll nicht heißen, daß erst in diesem Alter das Kind den Vater wahrzunehmen beginnt. Vielmehr ist er von Anbeginn verglichen mit der Mutter der andere, der schon durch seine bloße Präsenz bewirkt, daß dort außer der Mutter noch jemand ist, auf den das Kind neugierig wird. Das Vorhandensein des Dritten, das Hin- und Herschauenkönnen zwischen Vater und Mutter, eines konstanten Paares, fördert einerseits die Sicherheit des Kindes, daß die Mutter erhalten bleibt, wenn es anfängt, sich von ihr wegzubewegen, und festigt bei aller Nähe gleichzeitig die Vorstellung, daß es eigenständig und getrennt von der Mutter ist. In der Aufmerksamkeit auf den Vater kann das Kind darüberhinaus mögliche Haßgefühle aus Enttäuschung über die Mutter besser integrieren. Dadurch wird sein Selbst gestärkt, so daß die Beziehung zur Mutter psychisch unabhängiger wird und dadurch eine neue Qualität erhält.

---

[30] Der Begriff „Vaterschutz“ bezieht sich auf S.Freud (1930) in: „Das Unbehagen in der Kultur“ (GW, Bd. XIV: 430). Mit Fehlen des Vaterschutzes sind die Folgen der Vater-Abwesenheit gemeint oder eines aus einer Dyade herausführenden Dritten; vgl. Fußnote 31, (2).

[31] (1) Die “Gesamtheit von Liebes- und feindseligen Wünschen, die das Kind seinen Eltern gegenüber empfindet. In seiner sogenannten positiven Form stellt sich der Komplex dar, wie wir ihn aus der Ödipussage kennen· Todeswunsch gegenüber dem Rivalen als Person gleichen Geschlechts und sexueller Wunsch gegenüber der Person des [anderen] Geschlechts.” “Nach Freud wird der Ödipuskomplex zwischen dem dritten und fünften Lebensjahr auf seinem Höhepunkt erlebt [...]; sein Untergang kennzeichnet den Eintritt in die Latenzperiode. In der Pubertät erfährt er eine Wiederbelebung [...].” “Der Ödipuskomplex spielt eine grundlegende Rolle in der Strukturierung der Persönlichkeit und der Ausrichtung der sexuellen Wünsche des Menschen.” (Laplanche, Pontalis, 1973: 351)
(2) Ödipus’ Vater, Laios, ist der „Prototyp des schlechten Vaters“. Dieser Aspekt des Ödipus-Mythos wird in der neueren Forschung mit den Folgen der Vater-Abwesenheit in Beziehung gebracht: mit „Störungen der Geschlechtsidentität, Problemen mit der Impulskontrolle, unmodellierter Aggressivität, kognitiven Beeinträchtigungen und pathologischem Narzißmus“ (Mertens, 1998: 120).

Wenn diese Entwicklung gestört wird, d.h. die intensive Zweierbeziehung mit der Mutter zu lockern, damit das Kind reifen und andere soziale Erfahrungen machen kann, wird der identitätsförderne ödipale Konflikt gegen Ende der frühen Kindheit nur schwerlich angemessen bewältigt (Rotmann).

Auch Schlung (1987) hat untersucht, wie die „Vater-Kind-Interaktion" und die „Vaterrolle" in bisherigen Untersuchungen wahrgenommen wurden. Verglichen mit der Mutterrolle sind die Recherchen über die Vater-Kind-Beziehungen selten. Dennoch wurde beobachtet, daß die Väter bezogen auf die elterliche Rolle zur Passivität neigen oder ein überdurchschnittlich ausgeprägtes Interesse am Beruf und ihrer gesellschaftlichen Stellung zeigten. In der Erziehung ihrer Kinder engagierte Väter waren eher „angespannt und ängstlich". Manche Väter blieben unerwähnt oder waren dauernd abwesend. Manchmal war auch die eheliche Beziehung unzufriedenstellend, so daß sich eine außergewöhnliche Mutter-Kind-Beziehung entwickelte. Alle diese Merkmale ließen sich mit verschiedenen Fällen aus den Patientenakten illustrieren und bestätigen. Im Falle *Sigruns* kam es zwar vorübergehend zu einer besonderen Bindung an denVater, aber abwesend blieb er dennoch.

Einige Väter der Schulvermeider [aus den Patientenakten] waren in eine bemutternde Rolle geschlüpft (mütterliches Nein) und standen dadurch nur als schwache Dritte zur Verfügung, als die ersten entwicklungsbedingten Trennungsschritte von der Mutter hätten erfolgen müssen, so daß das Kind in einer unbefriedigenden Zweierbeziehung stecken blieb. Dasselbe geschah, wenn die Väter oder entsprechende Ersatzpersonen konkret fehlten oder psychisch nicht präsent waren. Bei einem negativen Verlauf sind infolgedessen einseitige ödipale Bündnisse des einen Elternteils und des Kindes gegen den anderen zu beobachten. Solche Koalitionsbildungen konnte ich feststellen:

> Beispielsweise verweigerte *Marion (14,4)* mit vier Jahren jegliche Nahrung, als der Vater im Krankenhaus lag. Dort, während der Besuche, stopfte sie alles in sich hinein.
>
> *Ingas (14)* Mutter berichtete, daß der Vater immer zur Tochter gehalten habe, so daß sie sich erzieherisch nicht durchsetzen konnte. Enttäuscht und resignierend sagte sie: „Ich kenne meine Tochter" und unausgesprochen, „bin aber machtlos".
>
> *Ute (16)* spielte die Eltern gegeneinander aus; später verbarrikadierte sie sich in ihrem Zimmer, als sie bei dem Vater wohnt und dieser seine Freundin besuchen möchte.

Gerhard (16) war einem „harten“ väterlichen und einem „weichen“ mütterlichen Erziehungsstil ausgesetzt. Er hielt sich an seine Mutter.

Sigrun (8) war die „kleine, süße Spielpuppe“ des Vaters, und *Uwe (9,5)* verstand sich mit beiden Eltern nicht, am ehesten noch mit dem Vater.

Sarah (14,9) hatte nie einen Vater kennengelernt, die Großmutter sollte notwendigerweise Vater und Mutter repräsentieren, womit sie überfordert war. Die Großmutter wandte sich ans Jugendamt, als Sarah wechselnde Beziehungen zu älteren Männern suchte und nicht mehr nach Hause kam.

Alwin (17,11) lebte in einer von Frauen geprägten Familie. Zwischen ihm und seinem Vater hatte sich keine identitätsstiftende Beziehung entwickelt.

Diese instabilen Bindungsverhältnisse sind für das weitere Separations- und Autonomieerleben (Ich-Entwicklung) nicht förderlich. Das Kind muß seine spezifische seelische Notlage szenisch zur Sprache bringen, wenn es sich nicht sicher und geborgen fühlt. Dies wird u.a. auch daran deutlich, wenn es sich für begrenzte Zeit zum Spielen mit anderen Kindern oder zum Besuch des Kindergartens von den Eltern trennen soll. Sofern in den Patientenakten erwähnt, ist bei allen Schulvermeidern der Kindergartenbesuch bereits problematisch gewesen. Entweder bestanden Eingewöhnungsschwierigkeiten oder das Kind blieb nach kurzer Zeit sofort wieder zu Hause oder es zog sich allmählich zurück.

Diese erste Schwellensituation, für begrenzte Zeit die Familie zu verlassen, mißlang. Bei einigen wenigen Kindern wiederholte sich dieses Verhalten zu Beginn des ersten Schuljahres; persistierte es, erleben wir eine Situation wie bei *Sigrun*, worüber ich im folgenden noch berichten werde. Bei den meisten Schulanfängern legten sich anfängliche Schwierigkeiten, brachen jedoch zu einem späteren Zeitpunkt, zu Beginn der Pubertät und Adoleszenz, wieder auf .

Doch bleiben wir zunächst bei den jungen Kindern in der Grundschule. In dieser Zeit haben Kinder noch eine besonders enge Bindung an ihre Eltern. Die Erfahrungen aus dieser Gefühlsgemeinschaft werden noch unhinterfragt in die Schule hineingetragen, so daß sich mit dem Lehrer, der Lehrerin, dem Schulleiter oder der Schulleiterin die mütterlichen bzw. väterlichen Rollen- und Gefühlserfahrungen wiederholen können, ebenso wie mit den einzelnen Klassenkameraden die Erfahrungen mit den rivalisierenden Geschwistern. Hierarchisch gesehen wird die Schule im Sozialen ein Spiegelbild des familialen, ödipalen Dreiecks. Im Idealfall gibt es in der Schule haltende ödipale Strukturen. Dennoch soll die Schule anders funktionieren als die Familie: Lehrer ersetzen nicht die Eltern, aber wenn sie die emotionale Situation der Kinder wahrnehmen und verstehen, können sie korrigierende Erfahrungen ermöglichen. In diesem jungen Lebensalter kommt es noch sehr auf das Kooperieren von Familien und Lehrern an. Wir wissen, daß dies, und nicht nur bei den Schulvermeidern, oftmals schwierig sein kann.[32]

Die „kleine Ersatzfrau"

Ich berichte von der achtjährigen *Sigrun*. Sie hatte beide Eltern und eine Schwester. Auch sie war auf der Suche nach einem Vater, obwohl der eigene Vater — oberflächlich betrachtet — nahezu unerträglich präsent war. Ich beginne mit einer Zusammenfassung aus der Krankengeschichte[33]:

> Sigrun wird wegen „Schulschwierigkeiten" in der Klinik vorgestellt, nach der Aufnahme wird die Verdachtsdiagnose einer „Schulphobie" gestellt.
>
> Die Beschwerden begannen acht Wochen nach der Einschulung mit Bauchschmerzen, zweimaligem Weglaufen von der Schule. Ein viertel Jahr lang wurde der Schulbesuch ausgesetzt, Sigrun wurde von einer heilpädagogischen Einrichtung betreut, dann besuchte sie wieder von Ostern bis zu den Sommerferien die Schule. Die Eltern brachten und holten Sigrun jeweils ab, ein halbes Jahr lang saß die Mutter vor dem Klassenzimmer, bis dies von dem Schulleiter unterbunden wurde. Dann ging Sigrun wieder sechs Wochen nicht mehr zur Schule.
>
> Jetzt ist sie in der zweiten Klasse. Sie ist „versagensintolerant", gerät bei Fehlern oder wenn etwas anders verläuft als gedacht „in Panik". Die Eltern glauben Sigrun „verwöhnt" zu haben, auf ihre „Manöver" zu sehr eingegangen zu sein, besonders der Vater kann nicht „hart" zu seinen Kindern sein. Die Eltern sind anfällig für Mitleid, es besteht

---

[32] Vgl. zur psychoanalytischen Pädagogik· Aichhorn (1925), Büttner (1991), A. Freud (1935, 1936, 1965), Fürstenau (1974), Muck (1993), Müller (1993), Salzberger-Wittenberg (1993), Trescher (1993), Wellendorf (1991).

[33] In einzelnen Fällen, wie hier bei Sigrun, ist die Krankengeschichte selbst in der Zusammenfassung besonders umfangreich. Auf diese Darstellung kann aus Gründen der Überprüfbarkeit meiner Interpretation jedoch nicht verzichtet werden.

eine Furcht vor dem „Unnormalsein in jeder Beziehung“. Vielleicht wechselt dies mit dem Wunsch aufzufallen, beispielsweise möchte der Vater zunächst nicht seinen Beruf nennen, sagt dann aber doch, daß er „Polizeihauptmeister“ sei.

Es gäbe keine Eheprobleme. Sigrun und die elfjährige Schwester streiten sich viel. Letztere sei „ ...” [das Wort ist nicht lesbar] und „pomadig”.

Aus der körperlichen und psychosozialen Entwicklung erfahren wir: Sigrun wurde nur kurze Zeit gestillt. Mit drei Monaten erhielt sie eine Spreizhose, die sie bis zum sechsten Monat permanent trug, bis zum achten Monat nur nachts. Alles weitere unauffällig. Mit viereinhalb Jahren begann sie nachts wieder einzunässen, bis zum siebten Lebensjahr. Sigrun hatte häufig Tonsillitiden und Bronchitiden, mit sieben Jahren eine Tonsillektomie.

Mit viereinhalb Jahren kam Sigrun in den Kindergarten, blieb dort nur acht Wochen, weil sie sich wehrte. Seit dem dritten Lebensjahr schlug sie abends mit dem Kopf gegen die Bettwand. Die Einschulung verlief „ganz glatt“, anfangs gehörte sie zu den Besten, was dann zusehends abnahm. Da die Lehrerin ein Baby erwartete, fand ein Lehrerwechsel statt.

Sigrun hat keine Trotzphase durchgemacht. Keines der Kinder wurde bevorzugt, beide hatten immer „viele“ Freundinnen gehabt, sind von den Großeltern verwöhnt worden, ebenso vom Vater, Sigrun ist ein „echtes“ Vaterkind. Sigrun lutscht am Daumen, spielt manchmal Kleinkind, hat einen Hang zur Außenseiterin, möchte etwas Besonderes sein, wozu sie sowohl „regressive Manöver als auch Aggressionen“ einsetzt.

Sigrun ist selbständig, geht einkaufen und erledigt Arztbesuche. Sie wählt Rollenspiele, in denen sie „dominieren“ kann: Lehrer sein, Herr vom Hund auch gegenüber dem Vater. An „schwachen Stellen“ der Eltern erpresst sie: „[W]enn du dieses oder jenes nicht erlaubst, gehe ich nicht zur Schule.“ Einerseits geht Sigrun gern zur Schule, andererseits ungern, weil in der Schule „gemeckert“ würde. Sigrun „habe einen starken Willen und bekomme ihn auch meistens“.

Sie malt, liest gern Märchen, hört Kassetten, sieht „sehr viel“ fern, spielt mit Stofftieren, hat ein Meerschweinchen, bekommt drei Mark Taschengeld pro Woche, fährt gern Fahrrad und Rollschuhe, hat den Freischwimmer, spielt gern mit Jungen, hat aber für „geschlechtliche Dinge kein übermäßiges Interesse“.

Sigrun drückt „in ihrem Verhalten relativ viel Angst und Mißtrauen" aus, sie ist teils „dreist", „kokettierend", teils „zurückhaltend". Sie erscheint „innerlich und motorisch" unruhig, es fällt ihr schwer, auf dem Stuhl zu sitzen, sie vermeidet Blickkontakt und spricht manchmal mit unterdrückter Stimme. Sie stellt die „Schulphobie" als „Zwang oder Krankheit" dar, unausgesprochen fordernd, „nun tut mal was". Sigrun kann sich schneller mit dem Hiersein abfinden, als es die Eltern erwarten, sie führen sie vorher noch durch den Park.

Nach sechzehn Tagen kommt Sigrun in eine andere Klinik, sie bleibt dort fast neun Monate, acht Monate und vierundzwanzig Tage. Zwischendrin war sie insgesamt acht Wochen beurlaubt.

Als Symptome werden benannt: Schulphobie, Ängste, Jactatio capitis [nächtliches Kopfwerfen], Enuresis [Einnässen], Onychophagie [Nägelkauen], Daumenlutschen, Aggressivität, konversionsneurotische Manipulationen (Bauchschmerzen), z.T. symbiotische Beziehung zum Vater.

„In ausgeprägter kindlicher Weise demonstrierte sie über Monate 'Willkommen und Abschied'. Schreiend umklammerte sie die Eltern, vorwiegend den Vater und ließ ihn nicht los."

Es wird ausgeführt, daß der Vater die Abhängigkeit der jüngsten Tochter „aus Gründen der Selbstbestätigung" benötigte. Zwischen Vater und Tochter sei eine „merkwürdige Identität" entstanden: im Szeno [projektives Testverfahren] betreut der Vater die Tochter, er führt den Kinderwagen, Tochter und Vater gehen Arm in Arm, die Patientin ist so sehr „Bestandteil ihres Vaters, daß sie zu eigenständigen Kontaktaufnahmen mit Gleichaltrigen kaum die Voraussetzung bietet".

Sobald der Vater nicht mehr da war, erlebte Sigrun die Realität als angstmachend. Dies sei „sicher ein Produkt der Haltung des Vaters ihr gegenüber". Der Vater schien neurotisch, im Sinne einer „Angstneurose mit paranoiden Zügen". Er litt darunter, einen Aufbaukurs nicht bestanden zu haben, führte dies auf nicht wohlgesonnene Lehrer zurück und wollte den Kurs „mit allen Mitteln" wiederholen. Die Gedankengänge in der Klinik über seine Beziehung zur Tochter konnte er weder nachvollziehen noch akzeptieren. Er zeigte sich „unangenehm aggressiv, fordernd, durchsetzend", gültig war für ihn: „Eine enge Bindung zum Kind kann doch nicht kritisiert werden." Er glaubte, alles für sein Kind zu tun, was nötig sei.

Sigruns Mutter, „überaus korrekt, genau auf Ordnung bedacht", wird von ihrem Mann zu noch größerer Ordnung angehalten. Er übernimmt gerne häusliche Aufgaben, nörgelt herum und mischt sich ein. Die Mutter glaubt, ihre Migräneattacken seien gegen ihren Mann gerichtet. Sie entschuldigt ihn damit, daß er im Beruf vielleicht nicht ausgelastet ist. Zu Hause sieht er viel fern, Sigrun auf dem Schoß, wenn etwas Grausames kommt, drückt sie ihren Kopf an seine Brust. Zur großen Tochter benimmt er sich „autoritär", das „Vertrauen" zwischen beiden ist „negativ". Vorsichtig berichtet die Mutter über eheliche Spannungen, sie entschuldigt ihre Anklagen mit der Kindheit des Vaters. Die Eltern des Mannes seien streng, vor deren Besuch zeigt er Ängste und „will relativ schnell wieder flüchten". Die Mutter will Sigrun so lange in Behandlung wissen, bis sie reibungslos zur Schule gehen könne.

Es wird der Behandlungsverlauf geschildert, besonders wie der Vater Sigruns Selbstständigkeitsversuche unterläuft. Eines Tages sagt sie: „Sie sehen doch, mein Vater hilft doch gar nicht mit. Ich sage schon immer, er soll mich vor dem Haus absetzen und gleich wegfahren." Ein neuer Start ins Schulleben wird gewagt, als der Vater für ein Jahr auf dem Lehrgang ist. Die Mutter wird als „Ausgleichspol" zum Vater vermittelt. Sigrun bleibt aber noch auf die Therapeutin (Hilfs-Ich-Funktion) insgesamt im ödipalen Konfliktbereich angewiesen. Kontakte zum Kliniklehrer und der Therapeutin werden weiterhin wahrgenommen.

Es ist besonders auffällig, daß schulisch gesehen bei Sigrun zunächst alles zum Besten steht, dies sich aber ab der achten Woche im ersten Schuljahr zusehends ändert, als die Lehrerin ein Baby erwartet und es zu einem Lehrerwechsel kommt. Dies mutet an wie eine die nächsten beiden Schuljahre bestimmende *Auslösesituation*, weshalb ich aus den Textsequenzen der Patientenakte jene Momente herausstelle, die im Sinne einer Übertragung der familiären Situation auf die Schule gelten können. Deshalb ist zu fragen:

> Warum kann der Lehrerwechsel, der wie ein ernster Verlust der Klassenlehrerin bzw. Mutter anmutet, nicht verkraftet werden? Aus dem Bericht ist nicht zu entnehmen, ob Sigrun eine neue Lehrerin oder einen neuen Lehrer erhält. Ich habe die Phantasie, es könnte ein Lehrer gewesen sein, der vermutlich nicht dieselben Vaterqualitäten zeigte, wie der leibliche Vater.

Sigruns Erfahrungen mit der Mutter kann ich nur indirekt erschließen. Ich erlebe die Mutter wie eine Leerstelle und frage mich, warum ich diese ein halbes Jahr lang vor dem Klassenzimmer sitzende Mutter selbst wie ein wartendes Kind vor mir sehe. Dorthin gehört eine Mutter nicht, der Schulleiter protestiert entsprechend. Verkörpert oder spiegelt die Mutter Sigrun als wartendes Kind? Worauf wartet die Tochter? Da Sigrun mit acht Jahren auffällig „Willkommen und Abschied" spielen muß, scheint sie immerzu auf die Mutter zu warten. Ich denke an ein verspätetes oder immer noch währendes „Garnrollenspiel"[34]. Wodurch der intensive Kontakt zur Mutter und deren rechtzeitige Ablösung gestört wurde, ist nicht direkt zu erschließen. Vielleicht sind es die zunächst verborgen gehaltenen und allmählich zur Sprache kommenden Eheprobleme, denn die Eltern wirken auf mich nicht wie ein Eltern-*Paar*, der Vater scheint „alles" auszufüllen, er kontrolliert sogar den Haushalt, so daß das Eigenständige der Mutter nicht sichtbar wird, und Sigrun sich kaum mit der Mutter identifizieren kann. Vielleicht handelt es sich auch oder wegen der Eheprobleme um ein gestörtes Erleben der Schwangerschaft, denn Sigrun bleibt zuletzt fast neun Monate in der Klinik, was mich wie eine zweite Schwangerschaft und Geburt anmutet. Die Stelle der Mutter (sie hat nur kurzzeitig gestillt) hat frühzeitig der Vater eingenommen. Was mit der Bemerkung gerechtfertigt wird, sie ist ein „echtes" Vaterkind, ist jedoch ein *Mutterersatz* für Sigrun. Dadurch wird ihr zum zweiten Mal eine altersgerechte Ablösung erschwert, diesmal nicht von der frühen Mutter, sondern vom Vater.

Im dritten Lebensjahr zeigt Sigrun Hospitalismussymptome (nächtliches Kopfwerfen), mit viereinhalb Jahren schafft sie nicht den Weg in den Kindergarten (verzögerte Ablösung) und näßt bis zum siebten Lebensjahr (Schulbeginn) wieder ein. Die ödipale Spannung kann nicht integriert werden, worauf Sigrun regressiv mit Einnässen reagiert, als wollte sie zurück zur Mutter; diese ist aber nicht für Sigrun präsent.

Die Familie teilt sich auf in ein Mutter-Tochter-Paar mit der älteren Schwester und ein Vater-Tochter-Paar mit Sigrun. Sigrun wird zu einem sogenannten „echten Vaterkind", wobei ich eher die Phantasie von „einer süßen, kleinen Spielpuppe" bei dem Vater „auf dem Schoß sitzend" habe,

---

[34] „Garnrollenspiel"; S. Freud hatte an einem seiner Enkel beobachtet, wie dieser wiederholt eine Garnrolle an einem langen Faden von sich wegwarf und beim Wiederheranziehen, wenn er der Garnrolle ansichtig wurde, freudige Laute ausstieß. Dieses Spiel symbolisierte das Weggehen und Wiederkommen der Mutter.

weshalb Sigrun nun nicht den Weg in die Schule schaffen kann. Die Schul-(un)fähigkeit von Vater und Tochter zeigt eine eigenartige Parallelität: Ein erneuter und positiv verlaufener Schulstart wird erst möglich, als der Vater für ein Jahr zu dem zweiten Lehrgang geht. Den ersten Kurs absolvierte er erfolglos, während Sigrun stationär behandelt wurde. Die Trennung von seiner „kleinen Ersatzfrau“ könnte mit verursachend gewesen sein.

Sigrun reagiert auf den Schulbesuch mit den beschriebenen Symptomen. Sie sind Ausdruck für einen *zweimalig mißlungenen Separationsversuch,* zuerst von der Mutter, dann vom Vater [vgl. das Fehlen des Vaterschutzes]. Obwohl Sigrun gerne lernt und vielseitig interessiert ist, sich kognitiv wie ein gut entwickeltes Latenzkind zeigt, bleibt sie reifungsmäßig weit zurück. Sie *oszilliert* zwischen einem vernachlässigten und einem ödipal verführenden und rivalisierendem kleinen Mädchen. In diesem Sinne ist Sigrun tatsächlich noch nicht *schul*reif, so daß aus ihrem subjektiven Erleben heraus es durchaus sinnvoll erscheint, nicht zur Schule zu gehen.

Bezüglich des fehlenden Vaters hätte ich von zahlreichen anderen Beispielen, vor allem von Jugendlichen und insbesondere von Wegläufern, berichten können. Ich habe Sigrun, den Fall einer so jungen Schulvermeiderin ausgewählt, weil an dieser ausführlichen Dokumentation die rollenspezifische Besonderheit beider Eltern und die Folgen bei ihrem Versagen deutlich wurden: Bei der Vermeidung sind zwei psychische Organisatoren geschwächt, im übertragenen Sinne das integrierte, das gute „Nein“ (Spitz, Winnicott) und ein Bewältigen der triangulären Situation (Rotmann).

Die Angst vor sich selbst

Schwierige Übergänge

Bei manchen bislang nur potentiellen Schulvermeidern läßt sich die langjährige Überforderung nicht mehr aushalten, so daß es jetzt zur sichtbaren Schulvermeidung kommt. Denn mit dem Ende der Latenz[35] und der beginnenden Pubertät, ab etwa dem zehnten/zwölften Lebensjahr stehen Schüler unter erheblichem Trieb- und Reifungsdruck, wodurch die jetzt anliegenden „Entwicklungsaufgaben" sowohl befördert wie erschwert werden (Jacobson).

Die bis dato selbstverständliche Bindung an bisher geliebte und wichtige Personen (primär an Eltern und Lehrer) wird gelockert, in Frage gestellt und die dadurch freie Energie zwecks Neuorientierung zunächst auf das eigene Selbst gerichtet. Dieser innere Umbau geht bekanntlich niemals konfliktfrei weder für den Jugendlichen noch für die zu ihm gehörenden Erwachsenen vor sich.

Die präpubertären psychischen Hypotheken der Schulvermeider und ihrer Familien wirken sich auch hier aus. Können denn unzuverlässige und von Vermeidung bestimmte Beziehungen gelockert werden? Kann ein über Jahre überfordertes Selbst plötzlich flottierende Triebenergien ertragen? Beginnt nicht dasselbe Dilemma aus den ersten Lebensjahren von Neuem?[36] Die elterliche und familiäre Interaktion wird erneut auf die Probe gestellt, und meistens haben sich die anfänglichen Bedingungen nicht geändert: Es gab bei den Vermeidern und Wegläufern kein intaktes Elternpaar, das jetzt besser als in den Vorjahren in der Lage wäre, auf die

---

[35] Die Latenz erstreckt sich vom 5./6. Lebensjahr bis zum Beginn der Pubertät. „Dabei beobachtet man eine Verminderung der sexuellen Aktivitäten [...] (das Überwiegen der Zärtlichkeit gegenüber den sexuellen Wünschen), das Auftreten von Gefühlen wie Scham und Ekel, moralische und ästhetische Bestrebungen." Sie „geht einher mit einer Intensivierung der Verdrängung — die eine Amnesie der ersten Lebensjahre zur Folge hat — ", mit verstärkten Identifizierungen mit den Eltern, „einer Entwicklung der Sublimierungen" (Laplanche, Pontalis, 1973: 278).
Eltern und Lehrer erleben an diesen Kindern in den Grundschuljahren ein kognitives Blühen; in ihrem Sozialverhalten „laufen sie rund".

[36] Trennung und Individuation wiederholen sich in dem konfliktreichen Prozeß der Ablösung von den Eltern und den Werten der Familie.

emotionale Bedürftigkeit seiner jugendlich gewordenen Kinder hätte antworten können.

Die Lockerung der bisherigen Liebesbindungen steht im Zusammenhang mit der nunmehr sich entwickelnden Sexualität, dem Finden eines zukünftigen Liebespartners. Da sich das Kind weder in seinen affektiven und emotionalen Bedürfnissen zeigen durfte, und auch eine die Reifung förderliche Vatergestalt fehlte, blieb ein unsichtbares Kind oder Jugendlicher willkommen. Sich in sozialen Gemeinschaften wie der Familie, dem Kindergarten oder der Schule kontaktfreudig zu bewegen, widersprach den bisherigen Erfahrungen. Sich leistungsmäßig für andere, für Eltern und Lehrer, zu exponieren, war an der Tagesordnung, widersprach aber weiterhin den eigenen narzißtischen Bedürfnissen. Das kognitive Blühen vieler Schulvermeider stand eher im Dienste des Selbst, nämlich beachtet zu werden (vgl. *Sigrun*), oder wie wir bei *Gerhard* sehen werden, als eine Form verdeckter aggressiver Bemächtigung und Durchsetzungsfähigkeit. Nach dem Motto: „Wissen ist Macht“ oder „Triebangst macht schlau“.

Vor diesem Hintergrund ist vorstellbar, wie besonders labilisierend es für diese Jugendlichen sein muß, sich zu verlieben, d.h. sich in der weiblichen bzw. männlichen Rolle zu zeigen und die damit verbundenen Kontakte, also die Triebängste virulent machenden Berührungen auszuhalten (vgl. *Alwin*, des weiteren auch *Ute* in diesem Kapitel). Der Verlust des Gleichgewichtes gilt auch im umgekehrten Fall, wenn das Mädchen oder der Junge sich plötzlich geliebt fühlen. Bei einem bislang nicht ernstgenommenen und nun plötzlich geliebten Selbst stimmt die bisherige narzißtische Balance auch nicht mehr.

Manche Jugendliche zeigen statt der emotionalen Reifung lieber ihre kognitiven Leistungen, andere dagegen verweigern auch diese. Geht nun ein Jugendlicher nicht mehr zur Schule, wird zuerst wahrgenommen, daß er seine *Schul*pflicht nicht erfüllt, obwohl er jahrelang unhinterfragt [Kindes]-Pflichten an den (vermeidenden) Eltern erfüllt hat, die wenig einfühlend in seine Bedürfnisse waren. Das alleinige Pochen auf die Erfüllung der Schulpflicht muß dem Jugendlichen als eine erneute Entwertung seiner Person vorkommen, jetzt ausgesprochen von einer institutionellen Instanz. Diese ist anonym, womit es sich eben auch leichter gegen sie protestieren läßt als gegen die eigene Familie. Das während aller bisherigen Lebensjahre fällig gewesene Nein kann jetzt gefahrlos für sich selbst ausgesprochen und verteidigt werden, obwohl der versäumte Schulbesuch letzlich eine selbstschädigende Wirkung hat.

Diese sich auf (schulische) Pflichten beziehende Entwertung bringt das in der Pubertät und Adoleszenz erschütterbare Selbst zusätzlich aus der Balance. Kulturell gesehen steht jede junge Generation vor der Aufgabe, Bestehendes zu bewahren und gleichzeitig über die Elterngeneration hinaus zu wachsen, d.h. sie auch zu verändern. Voraussetzung hierzu ist zum einen der emotionale Ablösungsprozeß von den Eltern, aber auch das Erobern und Schaffen eigener Interessen, Werte und des dazugehörigen Wissens. Mit der verunmöglichten emotionalen Veränderung bleibt jedoch auch die kulturelle, geistige Veränderung auf der Strecke, besonders dann, wenn die Jugendlichen nicht zur Schule gehen *können (Ute, Gerhard)* oder Angst haben, die Wertewelt der Erwachsenen zu verlassen *(Alwin). Schulvermeider und Wegläufer können nicht erwachsen werden.*

Entwicklungsbedingte Übergänge wie Pubertät und Adoleszenz fallen mehr oder weniger mit *schulischen Übergängen* zusammen: dem Wechsel von der Grundschule zur Orientierungsstufe und von der Orientierungs- zur Sekundarstufe I. Es waren alle Schularten, Haupt-, Real-, Sonderschulen und Gymnasien der Sekundarstufe I, betroffen. Auslösende Situationen waren dann oftmals scheinbar situative und zeitlich bestimmte situative Schwellen: der Schulbeginn nach den Ferien, Ausflüge, Klassenreisen, der Übergang vom Wochenende zum Montag oder der Schulbesuch nach längeren Krankheiten. In wenigen Fällen waren familiäre Veränderungen auslösend: der Wechsel eines Wohnortes, Tod eines Großelternteils, Geburt eines Geschwisters, Krankheit des Vaters oder der Mutter.[37] In dieser Entwicklungsphase gab es die meisten Schulvermeider[38] und Wegläufer[39].

---

[37] Diese Beobachtung wird von Schlung (1987) bestätigt

[38] Von *36 Jungen* waren sieben Schüler zwischen 8,3 und 10,10 Jahren alt. Es waren Grundschüler, die ich aus Gründen des äußeren Überblicks entwicklungsmäßig der Latenz zugeordnet habe, obwohl solche Begrenzungen künstlich sein können. Die anderen 29 Schüler verteilten sich auf die Lebensjahre von 11,2 bis 17,11 nahezu gleichmäßig mit jeweils drei bis vier Schülern. Es waren Schüler der Orientierungsstufe und der Sekundarstufe I. Eine Ausnahme war das Alter von 13,0 bis 13,9. Dort waren es doppelt so viele, nämlich acht Schüler.

Von *19 Mädchen* gingen im Alter von 8,0 Jahren bis 10,9 drei in die Grundschule (Latenz). Die anderen 16 Mädchen waren 11,0 bis 16,11 Jahre alt. Zwischen 14,4 und 16,11 Jahren waren es zehn Schülerinnen.

[39] Außer den 55 Schulvermeidern gab es *sieben Wegläufer*, zwei Mädchen und fünf Jungen; die Mädchen 14,9 und 15,0 Jahre alt, ein Junge 9,11, die übrigen 14,2 bis 19,11 Jahre alt.

Aus der Sekundarstufe II wurde mir kein Schulvermeider bekannt. Jedoch in einer dieser Schulstufe vergleichbaren Altersgruppe, der *Berufsschüler,* schien die Schulvermeidung wieder eine Rolle zu spielen, wie mir dies in Lehrveranstaltungen an der Universität und auf einer Fachtagung von Berufsschullehrern vermittelt wurde. Dabei erstaunte es mich, daß ich von diesen Lehrern und nicht vermehrt von jenen der allgemeinbildenden Schulen befragt wurde. Zunächst nahm ich an, diese Haltung von Berufsschullehrern hinge mit einer ausgeprägteren unbewußten Identität für Übergänge (Mahler) zusammen. Ich überlegte, ob es auch an der Heftigkeit dieser Schüler liegen könne, wie deren Widerstand gegen Schule und deren Auftrag gerade im Berufsleben besonders aufbricht, wenn Schüler glauben, mit der Wahl eines Berufes ein für allemal die Schule glücklich hinter sich gelassen zu haben. Es entsteht der Eindruck, als hätten diese Schüler eine bis dahin stumme Verweigerung lange vor sich hergeschoben. Deren Lehrer wirkten auf mich äußerst betroffen und engagiert in der Suche nach Abhilfe. Schließlich ist auch zu bedenken, daß sich diese Schulvermeidung an einem extrem bedeutsamen Übergang ereignet, nämlich von der Schule ins Berufsleben. Während Lehrer der allgemeinbildenden Schulen immer noch darauf hoffen können, daß sich diese Symptomatik auswächst, ist bei den Berufsschülern das Ende der Fahnenstange erreicht, so daß plötzlich die Frage akut wird, ob Schule überhaupt noch ihren gesellschaftlichen Auftrag erfüllen kann.

Es folgen jetzt drei Falldarstellungen. *Ute und Gerhard* werde ich *vergleichend* darstellen; *Alwin* ist ein Wegläufer, der seine Lehre nicht abschließen kann. Es werden einige Details aus den vorangegangen Kapiteln über das „mütterliche Nein“, des „Nicht-Trotzkindes“ und der „Suche nach dem Vater“ wieder aufleben, und wir werden sehen, wie diese — mit *Alwins* Erfahrungen vergleichbar — auch bei *Ute und Gerhard* in eine „Angst vor sich selbst“ münden.

„Es ist alles so peinlich” — „Ich habe eine Angstneurose”

Ute und Gerhard, beide sechzehnjährig, waren vorübergehend Patienten in der Kinder- und Jugendpsychiatrie, beide habe ich *im Hausunterricht* erlebt, nachdem Ute ein halbes Jahr und Gerhard zwei Jahre lang nicht in die Schule gegangen waren. Ute erlebte ich *in dem Moment einer erneu-*

ten Unterrichtsvermeidung und Gerhard *ohne* erneute Unterrichtsvermeidung bis zur Wiedereingliederung ins reguläre Schulwesen. Ich wähle den *gegenüberstellenden Vergleich*, um besser verdeutlichen zu können, an welchen Stellen Außenstehende unversehens die Vermeidung mitagieren können, statt sie aufzuheben, wobei sie ebenso hilflos werden können wie die Schulvermeider selbst.

In allen ambulanten Fällen beim Schulermittlungsdienst und den Darstellungen aus den Patientenakten konnte ich durchgängig sich wiederholende Aspekte entdecken, mit denen ich jetzt die jeweils zugrundeliegende Psychodynamik bei *Ute* und *Gerhard* beschreibe.

Die Schulvermeidung wird unsichtbar

Bei der Einweisung oder im Aufnahmegespräch werden die schulischen Probleme noch ausdrücklich benannt, in der Anfangsdiagnose nach der Akutanamnese wird noch manchmal von „Schulangst" oder „Schulphobie" gesprochen, aber in dem abschließenden Befund verschwindet das Symptom in dem Diagnose-Schlüssel für neurotische Erkrankungen. Die Zuordnung zu den neurotischen Erkrankungen verweist einerseits auf die Bindungsfähigkeit dieser Kinder und Jugendlichen, aber auch darauf, wie wir bereits wissen, daß mit diesen Bindungen etwas im Argen liegt. Schulvermeidung als Symptom hat keinen ausdrücklichen Ort im ICD 9, vergleichbar diesen Kindern und Jugendlichen, die sich auch nur schwerlich ihre Lebenswelt erobern können. Schulvermeidung ist mehr oder weniger ein hervorstechendes Merkmal in einer Polysymptomatik, das nur aufgrund der sozialen Kontrolle auffällt.

> *Ute* wurde klassifiziert unter: 313.8: „Spezielle und emotionale Störung des Jugendalters [...], im Zusammenhang mit Störungen des psychosozialen Milieus" und *Gerhard* unter: 300.2: „Phobie".

In dem Unsichtbar-Werden dieses Symptoms wiederholt sich teilweise eine Grunderfahrung dieser Kinder und Jugendlichen: Ist das Grundleiden behoben, kann der Schulbesuch wieder aufgenommen werden, ohne daß öffentlich über die Verortung des Symptoms im Sinne eines symbolischen Ausdrucks für das Grundleiden weiter reflektiert werden muß. Diesem Gedanken werde ich in Kapitel IV, „Vermeidung im Spannungsfeld von Schule und Familie" nachgehen.

Der Schüler wird befragt, warum er nicht zur Schule gehe, er muß etwas sagen, oft weiß er keine oder nur die eine Antwort, von „Schulangst“ zu sprechen. Wir hatten jedoch gesehen, daß die frühe und sich fortsetzende Kontakt- und Leistungsstörung seit dem ersten/zweiten Lebensjahr das spätere Schulkind oder den Jugendlichen unbewußt fühlbar werden lassen, wie sehr sie der schulische Alltag überfordert. Wird in diesem Zusammenhang Angst wahrgenommen, entspricht dies der individuellen psychischen Wahrheit, auch wenn keine real ängstigenden Situationen stattgefunden haben:

> *Ute* sagte, daß es mit dem Vater zwar „Differenzen“ wegen der Schulverweigerung gab, aber sie wisse nicht, warum sie nicht hinging. Sie hätte „geschwänzt“ und dann sei ihr alles „so peinlich“ gewesen.
>
> Als ich von *Gerhard* wissen wollte, warum er nicht zur Schule ginge, sagte er, er habe eine „Angstneurose“.

Im Vergleich hört sich *Utes* Aussage etwas diffus, unklar und verlegen an. Bei *Gerhard* hatte ich damals das Gefühl, er wollte sich hinter der gehörten Diagnose, „Angstneurose“, in Sicherheit bringen und ich sollte nicht weiter fragen, was ich zunächst auch tat. Später, als *Gerhard* längst wieder zur Schule ging, las ich in seiner Patientenakte „er sei ständig von den Mitschülern gehänselt worden, es sei auch zu körperlichen Auseinandersetzungen gekommen“. Diese Mitteilung hätte *Gerhards* Schulverweigerung schon eher erklären können, aber nicht, warum es überhaupt zu solchen Szenen kam. Etwa drei Monate nach Beginn des Hausunterrichtes erzählte er mir von der konkreten, die Schulvermeidung auslösende Szene, nachdem sich diese szenisch in meinem Unterricht wiederholt hatte. Ich werde davon berichten.

Aus den Anamnesen und meinen Beobachtungen während des Unterrichts lagen bei beiden keine nennenswerten Lern- und Leistungsstörungen oder Schwierigkeiten mit Lehrern vor, so daß auf keine konkreten Angstsituationen in der Schule geschlossen werden konnte:

> *Gerhard* war ein sehr guter und lernwilliger Gymnasiast und *Ute* eine durchschnittlich gute Realschülerin, obwohl für *Ute* einschränkend zu beachten ist, daß sie mit ihrer auf Genauigkeit bedachten Arbeitsweise durchaus unter Versagensängsten gelitten haben kann. Bei *Ger-*

hard konnte ich beobachten, daß er bei schwierigen, herausfordernden Aufgaben dazu neigte, vorschnell aufzugeben. Aber diese Haltungen haben *Ute und Gerhard* nicht aus der Schule ferngehalten.

Hinweise auf eine permanente Beziehungskrise

Ich fragte mich, was machen *diese* Schüler mit mir? Deren Schulvermeidung löste bei mir Zweifel an meinen beruflichen Fähigkeiten aus. Daß ich nicht der eigentliche Adressat war, wußte ich damals nicht, ebensowenig, wie ich dieses Gefühl verstehen sollte. Aber der Leser weiß inzwischen, daß Schulvermeidung zu einem wirksamen Mittel werden kann, bestehende Regeln und Normen in Frage zu stellen, wofür sich dann aktuell kein anderer Ausdruck finden läßt. Da sich Lernen in der Interaktion gestaltet, und das Lernen an sich nicht in Frage gestellt wird[40], bleibt die Frage nach der Beziehung.

Als ich über Tage immer wieder, wie im Fall *Utes*[41], vor der verschlossenen Haustür stand, fühlte ich mich einem Wechselbad von Hilflosigkeit, Ärger und Machtbedürfnissen ausgesetzt.

Aufgrund der permanenten Beziehungs- und Entwicklungskrise waren Schulvermeider und deren Eltern ebenfalls solchen Gefühlen ausgesetzt, was ich damals nicht wußte. Wie sehr auch beratende Einrichtungen in diese *Hilflosigkeit* involviert werden, hatte ich bereits beschrieben. Fast alle Schüler waren erfolglos in ärztlicher Behandlung, bevor die totale Schulvermeidung offensichtlich wurde. Es war äußerst schwierig, in das Familiensystem zu gelangen. Meistens wurden ein Arzt oder eine Einrichtung nur solange in Anspruch genommen, wie sie die abwehrende Hal-

---

[40] Aus den Patientenakten konnte ich entnehmen, daß wenn auch nicht alle, doch viele Schüler versuchten, über Hausaufgaben den Anschluß an den Unterricht ihrer Klasse zu halten. Auch waren die heftigsten Schulvermeider selten sog. schwache Schüler. Wenn der Hausunterricht nicht abgebrochen wurde, konnte ich meinen Fachunterricht als inhaltlich herausfordernd erleben.

[41] Dasselbe Verhalten hatte ich bereits mit dem 16jährigen *Ludwig* im Lateinunterricht erlebt. Nach zwei, drei Tagen verschlief er zunächst den Unterrichtsbeginn, so daß ich auf ihn warten mußte. Nach einer Woche wurde ich zwar noch von der Mutter in die Wohnung gelassen, aber der Junge kam nicht mehr aus seinem Zimmer Die für den Jungen reservierte Zeit nutzte die Mutter dann für Gespräche mit mir. Danach erschien ich noch etwa drei Wochen lang zum vereinbarten Termin, aber es öffnete niemand mehr die Tür. Über den Vergleich zwischen *Ute* und *Gerhard* und das Verstehen der Fälle aus den Patientenakten konnte ich später für mich rekonstruieren, wie es zu der erneuten Verweigerung gekommen war.

tung aller Beteiligten stützten. Dann wurde eine andere Hilfsinstanz bemüht. Konkret war dies für mich an den langwierigen und sich wiederholenden Einsätzen des Beratungsdienstes für Schulvermeidung nachzuvollziehen, wenn plötzlich vereinbarte Termine abgesagt oder nicht eingehalten wurden. Manchmal wurde auch hier seitens der Familien kein weiterer Kontakt zugelassen, so daß wir auch hier vor verschlossenen Türen standen. Manchmal gestaltete sich die Abwehr jedoch subtil: Wir wurden bereits erwartet, es sollte Kaffee geben, der Schulbesuch für den nächsten Tag wurde als selbstverständlich versprochen, die Eltern versicherten, wie sehr sie ihre Kinder zum Schulbesuch anmahnten, aber alles blieb, wie es war. Anfänglich fiel ich auf diese Manöver herein, gewann allmählich aber ein Gefühl für die situative Inszenierung, wenn beispielsweise die Mutter besonders aktiv wurde und der Schüler gelassen freundlich blieb. Es wirkte wie ein Komplott: „Wir sind uns einig, die anderen sind böse." Es schien, als hätte es die von mir beschriebene frühe Störung in der Verständigung zwischen Mutter und Kind nie gegeben. Vielleicht haben Mutter und Kind sich hier unbewußt endlich einmal als einig (gegen die Schule, gegen die Eindringlinge beim Hausbesuch) erleben können, etwas, was zumindest seitens des Kindes einer ungestillten Sehnsucht entsprechen mußte. Wir sehen, wie sehr das „Nein" an ein verletztes Selbst rührt und dieses Oppositionsverhalten eine reparative Funktion bekommt.

In diesem Verhalten versteckt sich, wie erwähnt, eine permanente Beziehungskrise. Für den Außenstehenden wird es wichtig, Art und Weise der alten Rechnungen zu erkennen, die mit der Schulvermeidung beglichen werden sollen. Ich hatte Glück, dies erstmalig im Unterricht mit *Gerhard* zu erleben. *Ute* hatte sich ja in meinem Unterricht erneut verweigert, so daß ich erst nachträglich aus dem Bericht der Klinik und meinen persönlichen Erfahrungen mit *Ute* mir ein Bild über die zurückliegenden Ereignisse machen konnte.

> Ute[42] war sehr um Genauigkeit bemüht, sie sprach sehr verhalten und leise. Ich konnte nie erfühlen, was in ihr vorging. Selbst meine Zufriedenheit, daß sie gut gearbeitet, alles richtig gerechnet habe, machte keine Reaktion spürbar. In der Klinik hieß es später dementsprechend,

---

[42] Die Eltern waren seit sechs Jahren geschieden. Die Mutter hatte das Sorgerecht Eine ältere Schwester war aus dem Haus, und Ute lebte vorübergehend bei dem Vater, weil sich Mutter und Tochter unverträglich stritten.

„man komme mit ihr nicht wirklich in Berührung, es bliebe alles an der Oberfläche, sie sei unfähig, eine Beziehung zu halten".

Diese Beschreibung klingt so, als läge die Schuld allein bei Ute, um so mehr, wenn man sich vergegenwärtigt, daß sie sich zurückzog, in ihrem Zimmer verschloß, die Fenster verdunkelte, nicht an die Haustür ging und nur abends, wenn der Vater von der Arbeit kam, sich mit diesem stritt. Im Verlauf des Abends rief er dann die Lehrerin an, also mich, und klagte mir *sein* Leid. Damals hielt ich meine Gesprächsbereitschaft für angemessen und rollenkonform. Ich ahnte nicht, daß diese an sich übliche pädagogische Haltung geradezu *Utes* wie auch *Ludwigs* Rückzug erneut initiiert und verstärkt hatten.

Auf meinem ersten Weg zu *Gerhard* war ich auf Krawall gestimmt, und ich blieb es über ein Jahr. Gerhard war fast zwei Jahre lang nicht zur Schule gegangen, und ich malte mir unterwegs aus, ob und wann er wohl, ebenso wie *Ute* und *Ludwig*, die Tür für immer ins Schloß fallen ließe. *Als erstes und einziges Fach wollte Gerhard „Mathematik bei einer Frau".*

Als erste Begegnung war ein abendliches Familiengespräch vorgesehen. Wir saßen alle an einem großen Tisch, *Gerhard* mir genau gegenüber, jeweils ein Elternteil rechts und links von uns. Ich fühlte mich etwas eingekeilt, vor allem gefiel mir die direkte Konfrontation mit *Gerhard* nicht. Ich fühlte mich serviert: einerseits passiv, etwas ohnmächtig dieser Familienrunde ausgeliefert, aber auch gefordert, als müßte ich zeigen, wie es nun am besten weiterginge. Es wurde eine quälende Unterhaltung mit unterkühlter Stimmung. Es ergaben sich keine Anknüpfungen.

Dabei befürchtete ich hier den dritten Unterrichtsabbruch, was mich ärgerlich stimmte. Denn der Einzelunterricht in der Klinikschule ist pädagogisch gesehen nahezu elitär zu nennen, so daß eine erneute Unterrichtsverweigerung mich durchaus provozieren konnte (vgl. meine Krawallstimmung auf dem Hinweg). Während wir am Tisch saßen, fragte ich Gerhard unvermittelt, ob er überhaupt bereit sei, jeden Morgen um acht Uhr die Tür zu öffnen und mit dem Unterricht zu beginnen. *Spielereien für eine Woche wollte ich nicht,* ich hätte genügend andere Schüler zu betreuen. Er solle sich entscheiden. In einer etwas wortkargen Art sagte er zu. Er hat durchgehalten und nie wegen Krankheit oder Unpäßlichkeiten abgesagt.

Ich habe mich oft gefragt, was in diesem Moment passiert war. Ich hatte ihm ja fast die „Pistole auf die Brust“ gesetzt. So aggressiv war ich noch nie als Lehrerin der Klinikschule gewesen, dazu auch noch in der privaten Atmosphäre des Hausunterrichts, zumal ich mich laut Dienstanweisung weder einem Unterrichtsauftrag entziehen kann, noch die Entscheidung hierüber dem Schüler überlassen darf.

Vergleichen wir beide Situationen miteinander: *Gerhard* wurde erstens in seiner Autonomie respektiert, zweitens wehrte ich mich gegen meine Macht- und Hilflosigkeit, drittens machte ich ihm das Angebot einer kontinuierlichen Arbeitsbeziehung und viertens erlebte er an mir einen *Regelverstoß* gegen die Dienstvorschrift. Dies werde ich unter dem Aspekt der „individuellen Entwicklungskrise“ wieder aufgreifen, wobei zu beachten ist, daß auch Gerhards Vater beruflich mit gesetzlichen Regelungen vertraut war, also Gerhard das *Einhalten* von *Vorschriften* als eher nicht hinterfragbare Norm geläufig sein mußte.

Ute hingegen wurde nicht gefragt, ob sie lernen wollte oder nicht, sondern mußte mich auch noch als Verbündete des hilflosen Vaters erleben (vgl. „auf der Suche nach dem Vater“). D.h. an ihrer scheinbaren und uns demonstrierten Beziehungsunfähigkeit hatten der Vater und ich Anteile. Es wird aber auch deutlich, wie leicht Außenstehende mit dem bloßen Impuls des Helfenwollens von der unbewußten Dynamik der Familie miterfaßt werden und damit das Symptom weiter stabilisieren. Hiermit eng verbunden ist der nächste Aspekt,

Das Delegationsprinzip

Der innerhalb der Familie nicht lösbare Konflikt wird externalisiert, indem der zunächst leichtere und scheinbar entlastende Weg über staatliche Instanzen und Behörden in die Öffentlichkeit gewählt wird, in ein Feld außerhalb der Familie mit anderen Gesetzen. Dadurch wird die Lösung des Problems an andere delegiert. Auch dieses Phänomen gehört in das erwähnte Spannungsverhältnis von Wunsch und Abwehr, Sichtbarwerden und Vermeidung.

Utes Vater ersuchte Hilfe über die Klinikschule, das Jugendamt und die Vorstellung in der Kinder- und Jugendpsychiatrie. Ein Arzt war nicht aufgesucht worden.

Aber es gab einen besonderen Umstand: *Ute* hatte sich in ihrem Zimmer verbarrikadiert, ein beunruhigender Zustand für jene, die davor stehen gelassen wurden. Mit meiner beratenden Unterstützung gelang es dem Vater, *Ute* dazu zu bewegen, einen Vorstellungstermin in der Klinik wahrzunehmen. Dort war man entsetzt, daß *Ute* vollkommen im Unklaren darüber gelassen war, daß es auch zu einer stationären Aufnahme kommen könnte. Ich hatte erwartet, daß sich der Vater zur Rechtfertigung auf mich beziehen würde, aber meine Person kam in seiner Argumentation überhaupt nicht vor. Dies verwunderte mich, denn wenn in der therapeutischen Situation deutlich wird, daß der Unterricht zu Störungen führt, muß dies besprochen und reflektiert werden. Das Schweigen des Vaters hatte aber seinen Grund: Einerseits war ich vorübergehend eine Adresse seiner Hilflosigeit gewesen, andererseits hätte ich jetzt etwas über das aktuelle Familiensystem aussagen können: *Ute* war zu ihrem Vater gezogen, nachdem die Zerwürfnisse mit der Mutter zunahmen. Dann konnte es — nach dem Vorbild und den Erfahrungen der älteren Schwester, die vorübergehend bei dem Vater und nun allein lebte — bei diesem nur besser sein, was aber nicht zutraf.

Ute wurde als „biologisch reife Jugendliche“ beschrieben. Sie hatte aber (noch) keinen Freund, sondern lebte allein bei ihrem Vater, mit dem es nicht nur wegen der Schulvermeidung abends zum Streit kam, sondern auch, weil dieser mit seiner Freundin zusammen sein wollte. Insofern kam die treibende Kraft noch aus einer anderen Richtung: Die Freundin und/oder *Ute* waren im Weg. Daß das Kind im Weg steht, können Eltern aber nicht aussprechen, schon gar nicht in einer geschiedenen Ehe, so daß die Hilflosigkeit und die Delegation des Problems an die Klinik nachvollziehbar sind.

Bis ich *Gerhard* bei sich zu Hause kennenlernte, hatte es einen verhaltenstherapeutischen Behandlungsversuch gegeben, eine schulpsychologische Beratung, zwei Umschulungen mit jeweils nur wenigen Tagen des Schulbesuchs und einen nach etwa zehn Tagen abgebrochenen Klinikaufenthalt. Er „klagte über Magenschmerzen, Kloß im Hals, Schweißausbrüche, Schlaf- und Eßstörungen“. Erst nach etwa zwei Jahren mit zwischenzeitlich begonnener psychoanalytischer Therapie und gleichzeitiger Elternberatung konnte — zwar immer noch mit erheblichen Widerständen *Gerhards* — der Wiedereinstieg in den Unterricht und nach einem weiteren Jahr teilweise der Weg ins Schulleben gewagt werden.

Die inneren Beziehungsmuster innerhalb der Familien gestalten sich also äußerst schwierig. Die Familiendynamik wird mit einem eigenartigen Appell nach außen getragen: „Wasch mich, aber mach micht nicht naß!“, wobei auf helfende Einrichtungen ausgewichen wird. Warum ist das so?

Die individuelle Entwicklungskrise

Wie erwähnt begann die Hauptgruppe der Schulvermeider mit dem totalen Nein zur Schule in der Pubertät und Adoleszenz. Ferner hatte ich davon gesprochen, daß dies eine Zeit der Verluste und stürmischen Umwandlungen ist, daß sich die Bindungen an die Eltern wandeln (zumindest sollte es so sein). Neue Bindungen werden geschaffen, sexuelle Triebwünsche gewinnen ihre Bedeutung und stoßen gleichzeitig auf Widerstand. Individuelle autonome Lebensziele sollen angestrebt werden. Zur Duchsetzung dieser Interessen gehört allerdings Mut zu sich selbst im Ausprobieren konstruktiv aggressiver Lösungen unter dem Gebot, Destruktivität zu vermeiden. Es geht also wiederum um *Konfliktfähigkeit*, jetzt auf einer reiferen Stufe ihrer Entwicklung, wofür diese Jugendlichen jedoch *weder Spiel-Räume* hatten, *noch Erfahrungen* sammeln konnten. Wie erging es nun *Ute* und *Gerhard*?

> *Ute* hatte mit ihren Eltern nie eine konstruktive Auseinandersetzung erlebt, es herrschte ein Klima, in dem man selber ausstieg. In der Patientenakte wird dementsprechend vermerkt: „Bei den selbst noch Jahre nach der Scheidung ‘weiterhin lebhaft geführten strittigen Auseinandersetzungen zwischen den Eltern’, holte sich *Ute*, dies für sich nutzend, jeweils Rückenstärkung bei dem anderen Elternteil.“

Utes Sozialerfahrungen beruhen auf dyadischen (nicht ödipalen) Bündnissen, die aufgrund des ständigen Wechsels außerdem noch flüchtiger Natur waren. Aus der Klinikakte konnte ich nicht entnehmen, wie Utes psychosoziale Entwicklung verlaufen war. Vermutlich konnte der Vater keine Angaben machen, und die Mutter war derzeitig erkrankt. Trotz dieser offensichtlich rationalen Erklärung fühle ich mich etwas an jene Fälle erinnert, in denen keine Angaben über die ersten Lebensjahre erinnerlich waren. Das hieße wiederum, vor lauter Bedürftigkeit der Erwachsenen kann das Kind nicht gesehen werden, und Ute läßt sich ja eines Tages auch nicht mehr sehen — weder in der Schule noch im Hausunterricht.

Selbst wenn die aktuellen Probleme nur auf die Ehescheidung der Eltern zurückzuführen wären, bliebe das Ergebnis gleich, denn diese strukturelle, familiäre Situation wirkt nun einmal destabilisierend. Während bei einer intakten Elternschaft die aggressiven und die Eltern gegeneinander ausspielenden Autonomieversuche der Heranwachsenden — wenn oft auch schwer aushaltbar —, aber doch aufgefangen werden, indem Liebe und Haß der Töchter oder Söhne integriert werden können, konnte dies von *Ute* aufgrund ihrer gegensätzlichen Erfahrungen nicht geleistet werden.

> „Zwischen Mutter und Tochter kam es zu pubertätsbedingten Spannungen, die bei der nach Krebs-OP zusätzlich belasteten Mutter sehr emotional geführt wurden und denen sich Ute durch innere und äußere Flucht entzog." Nachdem Ute zum Vater gezogen war, kam es nicht zu einer Stabilisierung, sondern sie überließ sich völlig seiner „Versorgung".

Ihre Autonomieversuche erweisen sich nicht als aggressiv-konstruktiv, sondern wiederholen regressiv die Spaltung in die Elternfraktionen: „gute Mami", „böser Papi" und umgekehrt. Was von zwei Partnern leichter auszubalancieren ist, wird bei *Ute* durch „Versorgung" beschwichtigt. So kann sie ihre, vermutlich von ihr selbst gefürchtete Aggression nur gegen sich selbst richten und zieht sich aus „Angst vor sich selbst" depressiv zurück. (Vgl. *Uwe*, das Nicht-Trotzkind: Obwohl ihm scheinbar alle Wünsche von den Augen abgelesen wurden, sprach er selbstängstigende Todesdrohungen aus.)

Fragen wir nach dem Sinn von *Utes* Verweigerung, so zeichnet sich als Teilantwort ab: Mit der Schulvermeidung kann sie indirekt den Protest, ihre Aggression zum Ausdruck bringen und gleichzeitig die Wut über die erlittene Hilflosigkeit und Ohnmacht als Kind in der Scheidungssituation ihrer Eltern loswerden. Dieser Autonomieversuch birgt aber auch die totale Verzweiflung, denn Autonomie muß als Erfolg, als eigenes Können erlebt werden und nicht, weil es die Eltern für sich so wünschen. D.h. *selbst wenn Ute zur Schule will, kann sie es nicht,* entsprechend der Alters- und Entwicklungsnorm. Denn die alleinige Erfüllung des Elternwunsches wäre jetzt Ausdruck abhängiger Kindlichkeit, die im Trotzalter von zwei bis drei Jahren vorkommt, in der Adoleszenz jedoch überwunden werden soll. In *Utes spätem Nein* kann auch ein unbewußter Racheaspekt wirksam sein nach dem Motto: „Es geschieht meinen Eltern ganz recht, wenn ich scheitere“ oder: „Die werden sich in ihre Finger schneiden“, wobei ich an die Gespräche mit *Utes* Vater denke.

Ich komme jetzt wieder zu *Gerhard*. Von ihm wird gesagt, es gäbe keine auffälligen Entwicklungsdaten.

Jedoch wegen „eines Strabismus [Schielens] wurde eine Augenoperation notwendig. Er sei wegen seiner Sehschwäche ein sehr ängstliches Kind gewesen, das immer an Mutters Rockzipfel hing. Auch eine Gewitterangst wurde beobachtet“.

Als ich *Gerhard* kennenlernte, trug er zunächst sehr starke Brillengläser. Als er später Kontaktlinsen bekam, wirkte er auf mich sehr erleichtert. Darüber war ich etwas überrascht, denn er sah mit der Brille sehr gut aus, wie er überhaupt im Benehmen und Aussehen sehr ansprechend war. Ich hielt das zunächst für pubertäre Eitelkeit. Jedoch im Kontext seiner frühen Erfahrungen ist die Erleichterung auch zu verstehen:

Man muß sich vergegenwärtigen, wie sich ein Kind gefühlt haben müßte, dessen Sehschwäche nicht bemerkt wird, ein Kind, das sich aufrichtet und laufen will und dabei eventuell an eine Tür knallt. Die leibnahe Aggression, sich vom Rockzipfel lösen zu wollen, wird mit einem Schmerz und Desorientierung beantwortet. *Man kann sich nicht richtig lösen*. Gleichzeitig macht Gerhard eine weitere Erfahrung: Die Rede ist von einem „pathologischen Familienstil“, einer „weichen beschützenden Mutter“ und einem „stringenten“ Vater. D.h. *Gerhard* muß sich zwischen zwei Extremen orientieren. Wir haben bei *Ute* gesehen, daß es fatal sein kann, wenn die Integration nicht von den Eltern geleistet, also vorgelebt werden kann. *Gerhards* frühe Orientierungsversuche waren teilweise schmerzhaft. Sein auch auf mich hart wirkender Vater kann diese Gefühle wach gehalten und die aggressive Hemmung *Gerhards* befördert haben. Er konnte sich nicht vital auseinandersetzen und wurde von der Peergroup gehänselt.

Ich vermute jedoch, daß eine andere Verteidigungsstrategie die Mitschüler zum Hänseln und Prügeln veranlaßt hat: *Gerhard* war überaus intelligent. Ich habe das Unterrichten oft als Herausforderung empfunden und fühlte mich manchmal in seiner Art, wie er mit mir sprach, von ihm gezwiebelt. Nur langsam traute ich mich, ihm zu widersprechen, wenn er in Klassenarbeiten vorschnell aufgeben wollte, was zugegebenerweise nicht zu seinem sonstigen Lernverhalten paßte. Eines Tages war es soweit, daß ich seine Klassenarbeit wegen der noch reichlich verbliebenen Bearbeitungszeit nicht annehmen wollte. Ich wollte sein vorzeitiges Aufgeben nicht akzeptieren. In diesem Augenblick entlud sich für Sekunden bei ihm ein derartiges *Wortgewitter* (ich erinnere an seine Gewitterangst), daß *Gerhard* anschließend in sich zusammensank und mir das Herz bis zum Halse schlug. Einige Minuten lang verharrten wir in Schweigen. Ich glaubte, jetzt sei das Ende des Unterrichts gekommen. Dann fing ich sehr leise an zu sprechen, als hätte die Szene nicht stattgefunden, und zu meiner Überraschung fing *Gerhard* sofort an, mit mir zu reden. Die Erleichterung war auf beiden Seiten spürbar.

Nach diesem Ereignis konnte er mir vertrauensvoll an einem anderen Unterrichtstag von seinem letzten Schultag vor der Schulvermeidung berichten: Es war zu einer Prügelei mit Mitschülern gekommen. *Gerhard* hatte sich dermaßen aufgeregt, daß in der Folge alle an der Prügelei beteiligten Schüler bis auf *Gerhard* aus der Schule verwiesen wurden. Aber *Gerhard* ist am nächsten Tag auch nicht mehr erschienen. Wie sollen wir das verstehen?

Vergleichen wir den Unterricht und die letzte Schulszene miteinander, so ist beiden gemeinsam, *daß es um Aggressionen geht, die Gerhard und die anderen erschrecken:* Es entsteht „die Angst vor sich selbst". Ungeübt und unerfahren im Umgang mit seiner eigenen leiblichen und im Familienklima erlebten Aggression muß er fürchten, daß Auseinandersetzungen mit ihm vernichtend verlaufen. Als ich mich nach einigem Schweigen wieder zu Wort meldete, mußte es für ihn einfach erleichternd sein, in dem Sinne, mich noch unbeschädigt vorzufinden. *Gerhards* Weigerung, in die Schule zu gehen, ist eine Art des Selbstschutzes und ein Schutz der anderen vor seiner eigenen Angst, sich vital und autonom zu behaupten (vgl. *Uwe*, das Nicht-Trotzkind). Mein Regelverstoß als Beamtin, ihm den Unterricht freizustellen, erleichterte ihm die Vorstellung, daß es dann ja vielleicht auch ihm möglich sein könnte, sich gegen den Vater (altersgemäß) aufzurichten, erwachsen zu werden.

Der Umgang mit Frauen fiel *Gerhard* weniger schwer. Er hatte guten Kontakt zur Mutter, wünschte sich für den Anfang eine Lehrerin, und während eines Aufenthaltes von französischen Austauschschülern ging er kurzfristig wegen eines Mädchens mit auf die Ausflüge seiner Klasse. Aber zur Schule ging er danach wieder nicht.

Vielleicht ist der Eindruck entstanden, daß *Utes* und *Gerhards* Familienklima identisch seien. Es gibt aber einen entscheidenden *Unterschied.* Als *Gerhard* nicht in der Klinik bleiben will, erweist sich der Vater plötzlich als nicht mehr so hart, daß er etwas gegen den Willen des Sohnes durchsetzen will. *Gerhard* hatte mit seinen Worten die Kinder- und Jugendpsychiatrie für sich als „Gefängnis“ erlebt, das wollte der Vater nicht ertragen. So kam es dann über lange Zeit zu einer ambulanten psychoanalytischen Behandlung.

Wir erleben hier, daß die Familie das Problem von *Gerhard* zu sich hereinholt, also nicht weiter delegiert. Diese Maßnahme, gegen den Rat der Klinik, ist ein Integrationsversuch des Vaters, der in dem Sinne zu verstehen ist: Nicht die Psychiatrie, sondern *wir als Eltern müssen die Regeln* setzen im Sinne einer regulativen Instanz, so daß sich bei dieser Entwicklung — im Gegensatz zu *Utes* Erfahrungen — sagen läßt: Der Vater wurde gefunden.

Dagegen *entfiel* bei *Ute der integrative Aspekt* in der Familiendynamik, der Hausunterricht versagte und die Klinik geriet eher in die Rolle der versorgenden Mutter: „Dies ist ein Ort, da wirst du gut versorgt“, denn *Ute* blieb nach anfänglichen Protesten freiwillig in der Klinik, sogar über die Sommerferien. Der familiäre Konflikt konnte nicht gelöst werden: Der Vater entließ sich aus der Verantwortung und fehlte als vermittelnde Instanz.

Utes und *Gerhards* Nein zur Schule war aus der Sicht ihres subjektiven Erlebens sinnvoll und diente funktionell der eigenen Selbstfindung und Reifung, dennoch blieb es eine pathologische Lösung.

Auf die Walz!

Mit Ausnahme eines fast zehnjährigen Jungen waren die Wegläufer alles Jugendliche, und in allen sieben Fällen war dem Weglaufen eine Schulvermeidung vorausgegangen. Immer wurde auch von Schulangst gesprochen. Statt des Schulbesuchs bewegten sich diese Jugendlichen mit einer Ausnahme (Hausen im Wald) hauptsächlich an Orten mit vielen Menschen. Die geäußerte *Schul*angst ist eine verborgene Beziehungsangst, denn das Weglaufen aus den schlechten Bindungen und das sich Aufhalten in der Stadt, auf Bahnhöfen und auf Reisen sind zwar wie die Suche nach einem *besseren Ort* und nach besseren Beziehungen, aber es sind nur flüchtige und häufig enttäuschende Beziehungen, denn Städte und Bahnhöfe sind Orte des Kommens und Gehens. Dort gibt es kein Bleiben und kein Sich-Einrichten auf etwas Dauerhaftes. Entweder sind für diese Kinder und Jugendlichen nur diese verdünnten, und zunächst auch konfliktärmeren Kontakte zuträglich, oder sie schauen wiederholend einem Verhalten „à la Garnrolle“ zu, wie *Sigrun* es in der Klinik immerzu spielen mußte.

Gleichzeitig sind die gewählten Orte auch zu verstehen als aufgesuchte Lebensräume [école buissonnière], wo etwas erfahren und gelernt werden soll, was in Schule und Elternhaus zu erfahren und zu lernen, den Wegläufern nicht angemessen möglich war.

Erstaunlicherweise lassen sich diese Jugendlichen bereitwillig aufgreifen, in ihre Familien zurückbringen oder in die Klinik bzw. in eine andere Betreuung geben. Es kommt nicht zu den aggressiven Ausbrüchen wie bei den Vermeidern in den Trennungssituationen. Sie setzen ihre Aggression motorisch ins Weglaufen um, vielleicht ein zunächst befreiender Protest, der jedoch ebenso in Isolation und Einsamkeit umschlagen kann wie in Vermeidung, wenn es zu keinem Nachgehen der Erwachsenen (des Vaters, der Klinik, der Polizei) kommt. Die Wegläufer protestieren zwar auch gegen die Stationsregeln, aber nur in einem Fall ist es zu einem erneuten Weglaufen gekommen.

Ich berichte jetzt von *Alwin*, kalendarisch gesehen von einem fast zwanzigjährigen jungen Mann *(19,11)*. Er wurde Patient in der Kinder- und Jugendpsychiatrie.

> „Herr“ Alwin befand sich zweieinhalb Monate in stationärer Behandlung. Er wurde aufgenommen wegen „Weglauftendenzen“ vom „Lehrherrn“ (Bäckerei), die jedoch nicht in der Berufsschule aufgetreten sind.
>
> Er kommt in Begleitung seiner Mutter, die ihm einen großen Teil der Problemschilderung abnimmt, „was er lächelnd akzeptiert“.
>
> „Psychisch relevante Erkrankungen werden in der Familie verneint. Herrn Alwins Vater arbeitet als Dachdecker im Betrieb des Bruders; seine Mutter ist Schneiderin und erfüllt Auftragsarbeiten zu Hause. Seine Geschwister sind neun und zwölf Jahre jünger als er. Im elterlichen Haus lebt noch die Großmutter mütterlicherseits.“
>
> Als Kleinkind hat er „nächtliche Unruhephasen“ gehabt.
>
> Mit Schuleintritt mit sieben Jahren, er war für ein Jahr zurückgestellt, sind die „Neugier und Lebhaftigkeit“ *„zurückgetreten“*. In der Schule

hat er sich immer ziemlich angepaßt und ruhig verhalten, ist persönlichem Kontakt zu Schülern und Lehrern ausgewichen, *hat besonders an Wandertagen und bei Klassenfahrten geschwänzt*, hat Schwierigkeiten in Mathematik, wiederholt die siebte Klasse und erhält aus der neunten Klasse das Abgangszeugnis. Damit ist Alwin ohne Schulabschluß.

Durch „Beziehungen" erhält er eine Lehrstelle. Nach eineinhalb Jahren beginnt er tageweise zu fehlen, aber nie während des Unterrichts in der Berufsschule. Seit zwei Monaten beginnt er „länger" zu fehlen, bis Alwin schließlich nicht mehr hingehen will und „stattdessen durch die Gegend fährt".

Die Eltern vereinbaren mit dem Lehrherrn, daß er bis zum Abschluß der Ausbildung im Betrieb angemeldet bleibt. Herr Alwin gibt für seine „Arbeitsverweigerung" „Schikanen" der Arbeitskollegen an, die er im Betrieb nicht ansprechen mag, auch fühlt er sich überfordert.

Stattdessen fährt er in die Großstädte der nächsten Umgebung, verbringt viel Zeit auf den Bahnhöfen, hat dafür zu Hause Geld entwendet. „Er habe kein geordnetes Verhältnis zum Geld und gebe mehr aus, als er eigentlich zur Verfügung habe."

In der Freizeit führt er gerne den Verwandten und sich selbst Filme vor, „Schmalfilmprojektionen". Manchmal verdient er sich durch Aushilfsarbeiten bei seinem Vater (Dachdecker) etwas dazu. Hin und wieder kommen auch Jugendliche aus der Berufsschule oder der Nachbarschaft zu ihm, aber er zieht sich dann „meist unsicher zurück".

Durchschnittliche Intelligenz, sehr gute Konzentrations- und Gedächtnisfähigkeiten, unterhalb der Norm im Bewerten sozialer Situationen und im rechnerischen Denken.

Aufgrund eines standardisierten Testverfahrens als „geringfügig emotional unreif, sehr ungesellig, zurückhaltend und stark gehemmt" eingestuft. Ein projektiver Test „war schwierig durchzuführen, da Herr A. zunächst gehemmt war, sehr an der Bildvorlage klebte und erst langsam wagte zu assoziieren. Vorrangiges Thema ist die Vater-Sohn-Beziehung. Herr Alwin fühlt sich anscheinend nicht anerkannt von seinem Vater. Bemüht sich um dessen Zuneigung und Anerkennung, möchte Partner sein dürfen, hat die Wunschvorstellung eines harmonischen Zusammenseins mit seinem Vater, scheitert aber mit seinen Bemühungen und zieht sich dann zurück. [...] In einigen Geschichten werden auch verdeckte Aggressionen sichtbar, gepaart mit derberen sexuellen Phantasien, die aber anscheinend bisher im

Phantasiebereich geblieben sind. Diese Phantasien bereiten ihm wohl Schuldgefühle, deshalb muß er sie abweisen bzw. abwehren. Insgesamt scheint er äußerlich eine Anpassung erreicht zu haben, innerlich befindet er sich in Konflikten mit ambivalenten Gefühlen, auf der Suche nach einer Identität."

Über problemorientierte Einzelgespräche lernte er, Kontakte zuzulassen und schließlich auch, aktiv zu suchen (eigenes Programm erstellen, Musiktherapie, Sport). Er freute sich über Erfolgserlebnisse und bemerkte selbst, daß er sich oft „dumm" stellte oder Anforderungen mit „ich weiß nicht", „kann ich nicht" ablehnte. Er war fest überzeugt, den Abschluß seiner Lehre nicht zu schaffen, weshalb er „zielstrebiges Lernen" mit Hilfe der Klinikschule ablehnte.

Im Laufe der Wochen befaßte sich Herr Alwin mit seinen „Beziehungsschwierigkeiten" zu seinen Eltern, insbesondere zu seinem Vater. „Vage" dachte er an eine schrittweise Ablösung von zu Hause, glaubte aber nicht ohne die „elterlichen Versorgungsleistungen" zurecht kommen zu können und sprach *„seine Ängste aus, daß er von seinen Eltern abgelehnt würde, wenn er ihre Lebensziele nicht für sich übernehme"*.

Im „Nahbereich" ließ er sich dennoch auf neue Erfahrungen ein. Die Gesellenprüfung bestand er nicht, und er lehnte alle differenzierten Angebote der Wiederholung ab, obwohl man in der Klinik überzeugt war, daß er es schaffen könnte. Auch wurde ihm aufgezeigt, daß er noch „jugendlicher" sei, als es seinem Alter entspräche. Entsprechende ambulante Gespräche, um noch mehr Initiative ergreifen zu können, lehnte er ab. Er meldete sich bislang (seit zweieinhalb Wochen) nicht wieder.

Zunächst möchte ich auf einige Irritationen eingehen: Mich befremdet die Anrede „Herr", denn trotz seines Alters und der jüngeren Geschwister stelle ich mir Alwin als Nachkömmling vor. Sein kalendarisches und sein Entwicklungsalter klaffen auseinander. Diese Lücke erlebe ich so stark, daß es mir schwerfällt, Alwin in meiner Phantasie ein Aussehen zu geben, ob nun als Junge oder als Mann (Herr Alwin). Ferner irritiert mich an dem Bericht, daß das Fernbleiben von Ausflügen als Schwänzen von der Schule bezeichnet wird, zumal Alwin den Unterricht nicht versäumt hat. Ebenso ist das Weglaufen vom Lehrherrn primär keine Arbeitsverweigerung, denn es scheint ihm doch um die Beziehung zu den Arbeitskollegen zu gehen. Es wird also nach äußeren Merkmalen ein Verhalten festgeschrieben, daß eigentlich aus Alwins Bindung mit Menschen resultiert und daraus ableitbar verständlich sein könnte. Alwins Situation wird von außen her beschrieben, als gäbe es kein *empathisches Sich-Einlassen* in seine persönliche Situation. Dieser Bericht erinnert mich an das „mütterliche Nein", an das Nicht-Sehen des Kindes. Auch wird deutlich, wie leicht sich Außenstehende mit der Institution Schule identifizieren, mit dem Gesetz, dem Schulgesetz. Immerhin ist Alwin fast zwanzig Jahre alt und nicht mehr schulpflichtig.

Die Mutter bringt Alwin in die Klinik. Sie scheint den Leidensdruck zu haben, sie spricht statt seiner während der Aufnahme, „was er lächelnd akzeptiert". Dies scheint im Widerspruch zum „mütterlichen Nein" zu stehen. Mir scheint jedoch, daß Alwin auf diese Weise sich eine Versorgung einklagt, als könne er noch nicht auf sich aufpassen und sei nach wie vor von der Mutter abhängig. Beispielsweise kann er auch nicht mit Geld umgehen. In seiner Familie scheinen die Frauen zu dominieren, seine Mutter als Schneiderin im Hause und die Großmutter in demselben Haushalt. Ich komme zu dieser Interpretation, weil mir der Vater in seiner unabgegrenzten familiären und beruflichen Unterordnung zum Bruder auffällt. Kann er unter diesen Umständen überhaupt eine eigenständige Rolle als Vater finden, der Alwin behilflich sein könnte, sich von der umsorgenden Mutter zu befreien? Alwins Unterwegssein sollte vielleicht wie ein Befreiungsschlag wirken, aber wo soll er hin, wenn er den Vater, den Mann in sich noch nicht gefunden hat, d.h. keine stabile und vitale wachsende männliche Identifizierungsmöglichkeit für ihn besteht [vgl. „Auf der Suche nach dem Vater"]?

Ich wüßte gern, wer die jüngeren Geschwister sind, ob Schwestern oder Brüder, und wie es denen geht. Es irritiert mich, daß es in dem Aufnahmegespräch scheinbar keinen Raum für den Mann und die Kinder, sondern nur für Alwin und die Mutter gibt.

Wir erfahren, daß er als Kleinkind „nächtliche Unruhephasen" hatte. Nähere Angaben fehlen. Mir fällt jedoch auf, daß er im zweiten Lehrjahr, im „Frühjahr" (Beginn des Wegbleibens aus dem Beruf) ein etwa eineinhalbjähriger Lehrling war. Deshalb frage ich mich, was macht ihn als Kind und dann wieder als Lehrling mit fast neunzehn Jahren so unruhig? Sind es die „Schikanen" der anderen, insbesondere des Lehrherrn (in der Vaterübertragung)? Wie war es früher?

Ich überlege, ob es sich um einen mißglückten Abgrenzungsversuch im ersten/zweiten Lebensjahr oder um schlechtes Gehalten-Sein handelt (Wiederannäherungskrise). Letzteres erinnert mich an meinen anfänglichen Eindruck des Sich-nicht-Einlassens auf seine Person. Sein Vagabundieren (fährt umher, reist herum, schaut sich das Leben im Kino und auf Bahnhöfen an) wirkt sowohl ungebunden, sich nicht halten könnend (triebhaft), wie auch aggressiv abgrenzend gegen die Anpassung in der Klinik-Schule und im Beruf.

Mit sieben Jahren „treten seine Neugier und Lebhaftigkeit zurück“, *Alwins* Rückzug beginnt, *er* tritt zurück. Zu dieser Zeit wird ein Geschwister geboren. Ist das auch eine „Schikane“? Alwin wird schulisch zurückgestellt, bleibt zu Hause bei dem neuen Geschwisterkind, wohl seinen regressiven symbiotischen Wünschen folgend. Ein erneuter Versuch, (mit)gehalten zu werden. In Mathematik hat er immer Schwierigkeiten gehabt. Kann er nicht verstehen, was und wer zählt? Sind es vielleicht nur die Frauen und die Kleinen? Gibt es vielleicht nur Schwestern, und Alwin wäre außer dem (unsichtbaren) Vater der einzige Mann (auf verlorenem Posten)?

Während der dritten Schwangerschaft der Mutter — Alwin ist jetzt im Pubertätsalter — muß er das siebte Schuljahr wiederholen. Jetzt „schwänzt“ er auf Ausflügen. Das scheinbar Lustvolle an der Schule, der Ausflug, muß vermieden werden. Nicht die Leistung, sondern die möglicherweise lustvolle, kontaktbetonte, emotionale Nähe zu den Klassenkameraden ist bedrohlich. Vielleicht fürchtet er aggressive rivalisierende Konflikte, denen er nicht gewachsen ist als Jugendlicher; oder sexuelle Triebängste erklären sein Weglaufen.

Alwin soll nun Bäcker werden, begibt sich in einen nährenden Beruf, den er nicht selbst gewählt, sondern passiv durch „Beziehungen“ erhält, denen er gerade im zu direkten Kontakt ausgewichen ist. Dieses Arrangement wirkt auf mich wie eine Ernährung aus zweiter Hand. Es erinnert mich an das schlechte Gehaltensein im zweiten Lebensjahr. Sich eventuell andere Lebensziele zu setzen als die Eltern (kulturelle Aufgabe in der Adoleszenz), überfordert seine Eigeninitiative, ist schwierig und löst Angst aus. Er schafft den Abschluß der Lehre nicht, will ihn wohl auch nicht schaffen als Ausdruck seiner unreifen Form von Autonomie, die sich durch passive Opposition zur Schule, den Eltern und jetzt zum Lehrherrn äußert. Er sagt gern „weiß ich nicht“, „kann ich nicht“ und kann sich auch nicht für eine ambulante Therapie und unterstützende Beschulung (Abschluß der Lehre) entscheiden (Schulvermeidung). Bliebe er nicht bei seinem Nein, würde er gelernter Bäcker, könnte als Geselle freigesprochen, d.h. wirklich autonom werden und wie es früher im Handwerk üblich war, *auf die Walz* gehen. *Auf eine kleine Walz* geht er jetzt schon, indem er umherfährt und sich wieder nach Hause bringen läßt. Auf diese Weise wiederholt sich der Wunsch, gehalten zu werden und immer wieder auftanken zu können, aber auch gleichzeitig selbständig und unabhängig zu sein. Aber es kommt zu keiner progressiven Bewegung auf ein Ziel hin (konstruktive Aggression). Das Leben auf den Bahnhöfen ist am ehesten auszuhalten: Es ist auch dort ein Kommen und Gehen, keine wirkliche Nähe, eher Trennungen und Abschiede, es passiert viel, was man sich bloß anschauen muß.

Früher schwänzte er auf Klassenfahrten und Ausflügen, den Unterricht versäumte er nicht, als würde ihm die Anpassung an die Leistung und kognitives Wissen zugleich Geborgenheit vermitteln. Das heißt, es muß auch etwas in der frühen mütterlichen Beziehung gut gewesen sein. In der Berufsschule jedoch funktioniert die Anpassung plötzlich nicht mehr, denn mit dem Abschluß würde er sich aus der Geborgenheit hinausbewegen müssen. Daß eine progressive Bewegung nicht möglich ist, scheint vor allem bei der Mutter den Leidensdruck auszulösen. Die Mutter wird aktiv und bringt ihn in die Klinik wie zu einem Ersatzvater. Aber es klappt dort auch nicht.

Zu einer Beziehung mit dem Vater kommt es nur über gemeinsame Aushilfsarbeiten, nicht über eine profilierende Arbeit, die eine männliche Identifizierung, das Verlassen der Mutter und der Familie ermöglicht. Somit stellt sich die Frage, ob Alwin überhaupt eine Lehre abschließen darf? In einem solchen Fall wäre er besser als der Vater, was das Familiensystem vielleicht destabilisieren würde, aber doch vor allem in Alwin Angst auslöst, wenn er andere Lebensvorstellungen als die seiner Eltern entwickelt, durch die er wirklich erwachsen wird. So ist dies kein lustvolles Schwänzen, sondern ein Weglaufen vor sich selbst. Aus Angst vor seinem Wunsch nach Selbstbehauptung verweigert er die Anpassung an Schule und Beruf. Aus Angst vor seinem Wunsch, ein Mann zu werden, vagabundiert er in ungehaltener Triebhaftigkeit umher oder versenkt sich in seine „Schmalfilmprojektionen“. Aus Angst, dem gesuchten Vater eventuell nicht begegnen zu können, wenn er ihm nicht ähnlich ist, bleibt er ungelernter Aushilfsbäcker und verharrt im Familienverbund, wie der Vater als Hilfsarbeiter bei dem Bruder.

An Alwin konnte wie bei den Vermeidern das „mütterliche Nein“ (Überfürsorge), das „Nicht-Trotzkind“ (ungehaltene Unruhephasen) und die „Suche nach dem Vater“ beobachtet werden. Die Folgen aus diesem Verlauf werden in der Pubertät und Adoleszenz besonders virulent, so daß von einer „Angst vor sich selbst“ gesprochen werden kann. Bei *Uwe (9,5 Jahre alt)* war dies bereits früher zu beobachten, als Angst vor seinen „mörderischen Phantasien“. Inwieweit sie bei Alwin eine Rolle gespielt haben, wissen wir nicht, aber seine extreme Angepaßtheit in der Schule und seine Scheu vor den Mitschülern und Arbeitskollegen lassen unbewußte aggressive Phantasien und Wut vermuten. Hinzu kommt der Ärger über den für ihn nicht anwesenden Vater, dessen Überlegenheit für ihn jedoch indirekt spürbar wird, weil nach ihm Geschwister geboren werden, die ihm die ungeteilte Zuwendung der Mutter nehmen. Und dieser Vater hilft ihm nicht, in seine Rolle als Mann hineinzuwachsen, für den auch Sexualität erlaubt ist. In der Pubertät und Adoleszenz kommt also zu dem vemiedenen aggressiven Nein noch eine zweite verunsichernde Triebqualität hinzu. Wenn aggressive und sexuelle Triebstrebungen nicht gut integriert sind, kommt es u.a. zu der spezifischen regressiven Identitätsstörung, die bei den Wegläufern zu beobachten ist.

III. Zwischenresümee: Eine psychische Entwicklungslinie für Schulvermeiden und Weglaufen

Was ist Schulvermeidung?

Schulvermeidung ist nur ein Aspekt in einer in sich sinnvoll zusammenhängenden Polysymptomatik. Es ist kein isoliertes Symptom im Sinne einer Krankheit wie Nägelkauen oder Bettnässen, sondern eine Symptomatik, die einen sozialen Konflikt verbirgt und gleichzeitig soziale Kontrolle auslöst und deshalb auffällt. Aus diesem Grunde liegt mir daran daraufhinzuweisen, daß schulvermeidende Kinder und Jugendliche oder Wegläufer nicht pathologisiert werden, nur weil sie psychotherapeutisch oder kinder- und jugendpsychiatrisch betreut werden. Denn aus entwicklungspsychologischer Sicht sind es eigentlich adäquat reagierende Kinder und Jugendliche, weil sie, wie unübersehbar ist, mit der Vermeidung oder dem Weglaufen etwas inszenieren, was auf ihre unverstandene seelische Not hinweist: Als vorwiegend unbewußte Abwehrbewegung bewirkt dieses Verhalten zunächst eine sinnvolle Stabilisierung. Schulisch gesehen schaden sich zwar diese Kinder und Jugendlichen, aber durch die Schulflicht und deren sozialer Kontrolle geraten sie in das Licht der Öffentlichkeit, so daß sie in ihrer Bedürftigkeit im Sinne einer unbewußten Wunscherfüllung ernst genommen werden müssen.

Die Entwicklungsperspektive

An den Falldarstellungen wurde deutlich, daß durch die Einfühlungsvermeidung der Erwachsenen in ihre Kinder diese in spezifischer Weise in ihrer Selbstentwicklung gestört wurden.

Die Schulvermeider und Wegläufer erlebten von ihrem ersten Lebensjahr bis in die Adoleszenz häufige und wiederkehrende Kränkungen. Im Mittelpunkt stand das von den Kindern und deren Bezugspersonen *vemiedene,* nicht ausgehaltene und nicht verstandene *Nein*, das modifiziert in den einzelnen Reifungsstadien, allmählich kumulierend zu einer psychischen Entwicklungslinie führte und bezogen auf das äußere Verhalten die innere Sinnhaftigkeit von Schulvermeiden und Weglaufen erklärte. Hinsichtlich der inneren psychischen Prozesse wirkte sich die gestörte Selbstentwicklung *vermeidend aus auf die Aggressions- bzw. Triebentwicklung, die Bildung des Ich-Ideals und damit der Ich-Funktionen*[43]. Die einzelnen Lebensphasen, in denen sich Vermeidungen und Rückzüge abzeichneten, wurden unter vier Aspekten betrachet,

(1) dem mütterlichen Nein,
(2) dem Nicht-Trotzkind,
(3) der Suche nach dem Vater,
(4) der Angst vor sich selbst.

(1) Bezogen auf das erste Lebensjahr äußerte sich *das mütterliche Nein* durch symbiotisches Umklammern oder frühes Ausstoßen des Kindes, durch Ängstlichkeit der Mütter, Versorgungsprobleme mit dem Kind, durch zu strenge Betreuung z.B. auch durch die Großmütter, durch Tabuisieren der realen Familienbeziehungen oder daß einfach „nichts" aus der frühen Kinderzeit erinnerlich war.

Diese Bezugspersonen konnten die vitalen Impulse und Erregungen ihrer Kinder nur wenig halten, d.h. affektiv integrieren. In emotionaler Hinsicht sind diese Kinder vernachlässigt. Sie müssen allein gelassen Einsamkeit, Angst, Wut und Haß verarbeiten. Die dazu erforderliche affektive Energie steht zwangsläufig der übrigen Entwicklung nicht zur Verfügung. Das „Liebesverhältnis zu Welt" trübt sich ein, so daß auch Neugierde, Interesse und Lust am Lernen gedämpft werden. *Dieser frühe Verlust von lustvoller Eroberung der Welt in einem sozialen Kontext wiederholt sich später in der Schule.*

Diese Kinder sind früh in ihrem Selbstgefühl beeinträchtigt, denn die frühe Separation zwischen Mutter und Kind wird weder gut gestützt noch gut gehalten, so daß bereits hier die Anfänge der späterhin beobachtbaren

---

[43] Vgl. Jacobson, E. [(1964) 1988]: „Unter einer realistischen Selbstimago verstehen wir vor allem eine, die den Zustand und die besonderen Eigenschaften, die Möglichkeiten und Fähigkeiten, die Vorzüge und Grenzen unseres körperlichen und seelischen Selbst widerspiegelt. Sie umfaßt also einerseits unsere äußere Erscheinung, unsere Anatomie und Physiologie, andererseits unser Ich, unsere bewußten und vorbewußten Gefühle und Gedanken, Wünsche und Haltungen, unsere physischen und psychischen Funktionen und Verhaltensweisen. Da zu unserem psychischen Selbst auch das Ichideal und das Überich gehören, muß eine solche Imago auch unsere vorbewußten und bewußten Ideale und Wertskalen korrekt wiedergeben sowie die Effektivität — oder Ineffektivität — unserer selbstkritischen Funktionen. Natürlich ist auch das Es in der Selbstimago repräsentiert, und zwar in dem Maße, wie es auf der jeweiligen Entwicklungsebene mit dem Ich kommuniziert oder zu ihm Zugang findet." (33f.)

Trennungsängste — beispielsweise im Zuhausebleiben des Kindes — zu suchen sind. Es entstehen unsichere, *vermeidende* Bindungen zu den Bezugspersonen. Während Kinder mit sicheren Bindungserfahrungen sich zu ihren Müttern kooperativ und herzlich verhalten können, müssen die schulvermeidenden Kinder über Schmerzen, Unfälle, Krankheit, (Trennungs-)Ängste u.ä. Trost und emotionale Rückversicherung erlangen.

Diese frühe wie ein geballtes Elend anmutende Beziehungsstörung führt zu psychosomatischen Beschwerden, die mit Beginn der späteren Schulvermeidung wieder virulent werden. Auf diese Weise wird zunächst über lange Zeit mit ärztlichen Attesten das Fernbleiben von der Schule als scheinbar körperliche Erkrankung begründet, bis sich herausstellt, daß es sich jeweils um funktionelle Beschwerden handelt. Dann erst erhält das zugrundeliegende psychische Leiden die ihm gebührende Aufmerksamkeit. Je nachdem wie es den Helfern gelingt, in das Familiensystem vorzudringen, können psychotherapeutische Maßnahmen eingeleitet werden.

(2) Auch im zweiten/dritten Lebensjahr geht es darum, sich der autonomen Aktivität des Kindes zu stellen, jetzt die Trotzphase auszuhalten. Es sind offensichtlich *Nicht-Trotzkinder*. Zumindest in fast allen Fällen war den Eltern keine Trotz erinnerlich. In einigen Fällen wurde auf Unruhe oder Wut mit Härte oder Verwöhnung geantwortet. In keinem Fall konnte das Kind eine begrenzte Autonomie erleben oder erfahren, geborgen und dennoch begrenzt unabhängig (aggressiv) zu sein. Entweder waren die Kinder angepaßt und unauffällig oder die zu frühe Autonomie stürzte sie in Wut, Aggression und Angst. Vergleichbar mit den Defiziten im ersten Lebensjahr bleiben die Kinder auch in dieser Entwicklungsphase mit ihren vitalen Wünschen allein. Wiederum wurde ihnen eine adäquate emotionale Resonanz verweigert. In einigen Fällen ließ sich in der Sauberkeitserziehung eine *Lust an der Verweigerung* beobachten, deren Vehemenz einen Eindruck vermitteln konnte von der späteren Macht der Kinder und Jugendlichen bei der Verteidigung ihres Symptoms.

Die Beziehungsstörung aus dem ersten Lebensjahr setzt sich fort und mündet in eine Leistungsstörung, da zum ersten Mal im Leben des Kindes eigentlich über eine gute Beziehung eine Leistung (Sauberkeit) ausgehandelt werden sollte. Insofern wundert es nicht, wenn sich zu der späteren Schulvermeidung auch hin und wieder Leistungsstörungen gesellen. Durch die Überanpassung und durch das emotionale Überwältigtsein durch die Erwachsenen wiederholen sich Ohnmachtserlebnisse und archaische Wut, die sich verbal nicht artikulieren läßt. Diese Gefühle werden virulent als Übertragungsgefühle im Umgang mit Schulvermeidern, so daß es häufig zu einer Mitvermeidung der Mitarbeiter in beratenden Einrichtungen kommt, indem Familien weiter verwiesen werden.

(3) Innerhalb der Familien fehlt den Kindern eine weitere soziale Erfahrung, sich angstfrei für begrenzte Zeit aus der Familie zu entfernen, z.B. den Kindergarten zu besuchen. Der Vater stand vorwiegend als Mutterersatz zur Verfügung und konnte damit nicht seine Rolle als Vater wahrnehmen, die Dyade zur Mutter zu lockern. Gefühle der Enttäuschung über die Mutter oder auch Haß können somit nicht neutralisiert werden. Dadurch stärkt sich nicht das Selbst des Kindes, die Beziehung zur Mutter wird nicht autonomer und erhält damit keine neue Qualität. Eher noch wird das Kind in seiner zu frühen ödipalen Beziehung zum Vater überfordert, so daß nun auch der zweite Separationsversuch [zuerst von der Mutter] jetzt vom Vater mißlingt und das Kind auf der *Suche nach dem Vater* bleibt.

Bei diesen Kindern, in der Regel sind es die Grundschüler, sitzt beispielsweise die Mutter vor der Schulklasse, während das Kind drinnen dennoch nicht lernen kann. Es besitzt zwar die kognitive Reife zum Lernen, aber emotional kann es die Trennung von der Mutter nicht ertragen, oder es leidet besonders unter seiner Rivalität zu den Mitschülern.

(4) In der Pubertät und Adoleszenz zeigt sich nun plötzlich, daß Schulvermeider und Wegläufer nicht erwachsen werden können. Ein über Jahre überfordertes Selbst wird zusätzlich flottierenden Triebenergien ausgesetzt, die eine *Angst vor sich selbst* auslösen können. Schon unter weniger belastenden Umständen sind die jetzt anliegenden Entwicklungsaufgaben nicht einfach zu bewältigen. Wie sollen Bindungen von vermeidenden Eltern gelockert werden? Wie soll im Falle einer Verliebtheit ein bisher ungeliebtes Ich mit diesem Zuwachs an Libido umgehen? Viele Jugendliche, die bis dato mehr oder weniger gut durch das Schulleben gelangten, fangen jetzt an, in äußeren Schwellensituationen [nach den Ferien, Wochenenden, nach Krankheiten, Unfällen oder Klassenreisen] nicht zur Schule zu gehen. Die Reifungsphase vor dem Erwachsensein fällt zudem mit mehrfachen Schulwechseln zusammen, so daß es häufig mit Beginn der Orientierungsstufe, bei Lehrerwechsel und zu Beginn der Sekundarstufe I zu einer totalen Schulvermeidung, zu einem

äußerst „späten“ Nein kommt. Das alleinige Pochen auf die Erfüllung der Schulpflicht muß dem Jugendlichen jedoch wie eine erneute Entwertung vorkommen, denn er möchte Autonomie aus sich heraus beweisen. Ein vorzeitiges Ja zur Schule entspräche einer infantilen Anpassung, während der Jugendliche ja gerade jetzt sich eine neue Wertewelt in Abgrenzung von den Erwachsenen schaffen soll.

Woran leiden Schulvermeider und Wegläufer?[44]

Pauschal geantwortet, leiden sie an der Angst vor sich selbst, an dem Nicht-Reagieren auf ihre Wünsche, dem nicht ernst nehmen ihrer Gefühle: Denn erstens wirkt das Erleben eigener Aggression bedrohlich auf das eigene soziale Verhalten, nicht weil der Aggressionstrieb in diesen Fällen übermäßig ausgeprägt ist, sondern weil die libidinösen Besetzungen ihrer emotionalen Beziehungen zu den Bezugspersonen über alle Lebensjahre hinweg unzureichend gewesen sind. Dadurch wurden Aggressionsmengen nicht ausreichend libidinös gebunden und in die Selbstentwicklung *integriert*.

Zweitens ist nicht nur die emotionale Beziehung zum Kind oder Jugendlichen, sondern auch die der Erwachsenen zueinander gestört. Insbesondere sind die Familien nur mangelhaft ödipal strukturiert, d.h. die Väter sind nicht die positiven Herausforderer ihrer Kinder.

Dies hat verschiedene ineinandergreifende Folgen:

(a) Es kommt zu einer Überanpassung in dyadischen Beziehungen, weil einzelne Separationsschritte nur unzureichend erfolgen.

(b) Dies ist besonders bedrohlich im zweiten/dritten Lebensjahr, in der anal-sadistischen Phase, wenn die Aggression (der Trotz) besonders ausgeprägt ist und das Kind sich in seiner fortschreitenden Entwicklung zu seinen Bezugspersonen als besonders ambivalent erlebt. Es will vieles können, was es noch nicht kann. Es kommt zu frühen

---

[44] Die folgende eher metapsychologische Interpretation ähnelt der Zusammenfassung aus „psychodynamischen Therapien von Sozialphobien“ (Joraschky, 1998), weshalb sich ggf. die Diskussion anböte, die von mir eruierte „Entwicklungslinie für Vermeiden und Weglaufen“ auf das Verständnis von Sozialphobien anzuwenden· Joraschky schildert besipsielsweise Probleme mit der Selbst-Objektdifferenzierung in der Entwicklung eines Patienten, wie es zur Vulnerabilität des Selbstgefühls kommt, Schamregulationen erschwert werden und wie in der Adoleszenz Selbst- und Triebentwicklung vernetzt sind und in enger Beziehung zu dem jeweiligen Familiensystem stehen.

Gefühlen von Hilflosigkeit. Schutzmaßnahmen gegen das verletzte Schamgefühl sind das Verstecken oder Davonlaufen. Beide Varianten zeigen die Schulverweigerer.
(c) Hier liegen auch die Anfänge für die schulischen Beziehungs- und Leistungsstörungen im Sinne einer Ich-Schwäche.
(d) Aus den Krankengeschichten nicht direkt ableitbar, sondern eher in der Rekonstruktion scheint sich in der *Wiederannäherungskrise* im zweiten Lebensjahr zu entscheiden, daß aufgrund der wenig haltenden emotionalen Beziehungen erhebliche Aggressionsmengen ungebunden bleiben, die damit für die weitere Entwicklung ein bedrohliches Potential darstellen.

Das Kind in der *Wiederannäherungskrise* ist hin- und hergerissen zwischen dem Wunsch nach Unabhängigkeit und Bindung. In der Erprobung seiner Kompetenz und aus dieser Fähigkeit zur Distanz erwächst insbesondere der Wunsch nach Nähe und Geborgenheit. Das Kind neigt zum „Beschatten" der Mutter aber, auch zum spielerischen Weglaufen, „in der Erwartung, gejagt und dann in die Arme genommen zu werden" (Mahler, Pine, Bergman, 1975: 102). Diese beiden Verhaltensweisen entsprechen dem schulischen *Vermeiden und Weglaufen*. Im Gegensatz zu den Vermeidern, den „Beschattern" ihrer Mütter, lassen sich die Wegläufer ohne aggressive Ausbrüche in die Klinik bringen, als würden sie nun endlich „in den Arm genommen werden". Nur sind diese Kinder inzwischen älter und auch nicht immer gut verwahrt (erzogen) worden, so daß ihnen die Anpassung an die Regeln der Klinik schwer fällt und sie oft auch dort nicht zu halten sind.

Die innere Befindlichkeit von Vermeidern und Wegläufern ist nicht sonderlich different, denn was bei den Wegläufern zunächst wie ein Befreiungsschlag aussieht, kann ebenso in Isolation und Einsamkeit der Vermeider umschlagen, sofern es zu keinem Nachgehen einer väterlichen Instanz kommt (Klinik, Polizei). Die unterwegs begangenen Delikte drücken unbewußt den Wunsch nach Aufnahme von Beziehungen aus (Winnicott, Aichhorn), selbst wenn diese zunächst nur dosiert und unter Protesten akzeptiert werden können. Die Vermeider verbleiben nahezu symbiotisch in ihrem System zu Hause, während die Wegläufer eher ausgestoßen werden bzw. vorübergehend aussteigen. Isoliert sind beide. Ihre desolate Situation erinnert an das symbiotische Anklammern wie an das frühe Ausstoßen im ersten Lebensjahr.

(e) Ungebundene Aggressionen führen besonders in der Adoleszenz zu Vermeidung und Angst, nicht nur hinsichtlich schulischer Anforderungen:
1. Tabuisiert wird nahezu alles Triebhafte, wozu gerade das Annehmen der eigenen Geschlechtlichkeit zählt.
2. Verletzte Schamgefühle werden besonders lebendig. Ein übersteigertes Ich-Ideal ist wenig belastbar, so daß eigene Ideen, Vorstellungen und Werte nicht zum Tragen kommen, die „normalerweise" und allmählich der Realität gerecht werdend wie über eine Brücke in die kulturelle, erwachsene Welt führen würden. Es kommt, um im Bilde zu bleiben, zu einem Verharren am Brückenkopf. Das Verharren an dieser inneren Schwelle hat den Anschein eines Ideals der Verweigerung. Das Ich-Ideal hat nicht nur eine individuelle, sondern auch eine soziale Komponente: Die erste Individuation des Säuglings, das Erkennen des Selbst und der Mutter als eigener Person, erfährt eine Fortsetzung als Individuation für den Jugendlichen „im Erkennen seines emotionalen, intellektuellen, sozialen und sexuellen Selbst"[45]. Kommt es hier zu Einschränkungen, so gehen diese mit sozialer Angst einher. Die *Schule* ist als sozialer Ort zugleich angstauslösend und wird somit zu einem *symbolischen Ort* (Bernfeld) für diese Störungen.
3. Auf diese Weise verharren diese Jugendlichen, wenn auch unfreiwillig, reifungsmäßig in der Latenz[46], weil sie zwangsläufig die familiären Werte konservieren müssen. Sie können nicht aggressiv sein gegen ihre Eltern, weil sie unbewußt Angst haben, diese zu zerstören. In der Verweigerung fühlen sie sich sicher, so daß sie glauben, sich von der Hoffnung nähren zu können, weder die Eltern noch sonst etwas zu zerstören. *Die potentielle in der Verweigerung konservierte Zerstörungskraft wird nicht wahrgenommen.* Schüler können auf diese Weise nicht erwachsen werden, sie werden auch keine Ver-

[45] Vgl. Blos, P. [(1962) 1992: 218].
[46] Die meisten Fälle von Schulvermeidung wurden von mir mit beginnender Pubertät und Adoleszenz beobachtet Hinsichtlich dieses Zeitraumes und des Aufbrechens der Entwicklungsdynamik ließe sich von einem typisch phasenspezifischen Symptom sprechen. Es ließe sich aber auch als ein Symptom der Latenzperiode interpretieren. Die kritische Beziehungsdynamik der Verweigerung ist im wortwörtlichen Sinne verborgen. Sie wird mit den Fähigkeiten von Latenzkindern bewältigt: Der Identifizierung mit den Über-Ich-Werten der Familie, die nicht in Frage gestellt wird, und der kognitiven Blüte dieser Kinder in den Grundschuljahren, die sich in der von mir beobachteten guten Lernbereitschaft der Schulvermeider bis in die Adoleszenz (und vermutlich darüber hinaus) fortsetzt und sogar den Grad einer Abwehrfunktion (Intellektualisierung) erhalten kann.

antwortung für sich und andere übernehmen. Dies als Extrem gedacht, könnte zu einem intergenerativen Problem werden, es entstünde eine „kindliche Gesellschaft“ (Bly).

Aus diesen Gründen sind frühzeitige Interventionen vonnöten. Beispielsweise wurde die Klinik u.a. für viele Schüler zum Ort der ersten klaren Abgrenzung (Separation) von den Eltern. Dort brachen die Aggressionen los, die seit der frühen Kindheit vermieden wurden und der emotionalen Reifung nicht zur Verfügung standen. Die Klinik schuf den haltenden Rahmen (Vaterersatz) für eine autonomere Wiederannäherung zwischen Kind und Familie. Die meisten Kinder und Jugendlichen kehrten in ihre Familien, in ihre Stammschule oder eine ihrer Entwicklung besser entsprechenden Schule zurück. In einzelnen Fällen wurde ein Internat oder auch eine betreute Jugendgemeinschaft gefunden.

Schulvermeiden und Weglaufen drücken vor allem eine unbewußte Konfliktvermeidung innerhalb der Familie aus. Obwohl bereits der enge Zusammenhang zwischen den Beziehungs- und Leistungsmustern in der Familie und der Schule erkennbar war, ist im folgenden dennoch etwas näher zu betrachten, inwiefern sich dieses Entwicklungs- und Familienproblem ausgerechnet an die Schule heften muß.

IV. Vermeidung im Spannungsfeld von Schule und Familie

Fragestellung

Bisher stand jeweils *die subjektive Sinnfrage* des Kindes und Jugendlichen im Vordergrund. Jetzt versuche ich Schulvermeidung aus der Beziehung zur *Institution* zu beschreiben. Für diese weiteren Überlegungen setze ich folgende Schwerpunkte:
(1) Aus psychoanalytischer Sicht versuche ich, *die institutionellen Funktionen von Schule* zu beschreiben,
(2) insofern sich diese in Beziehung setzen lassen zu den *dynamischen Strukturen der Symptomatik* der Schulvermeider und Wegläufer,
(3) um des weiteren hinterfragen zu können, warum sich die unbewußte Dynamik der intrapsychischen und familiären Vermeidungshaltung an die Schule wie an einen begleitenden Symptomträger heften kann; denn durch die bestehende Schulpflicht bedient sich der Schüler einer sozialen und öffentlichen Kontrollinstanz und macht auf diese Weise mit einer äußerst mächtigen Institution auf sich aufmerksam.

Unter pädagogischer wie klinischer Fragestellung wird in der Fachliteratur festgestellt, daß „Schule die Kinder krankmache", die Vermeidung mitverursache. Gleichzeitig wird diese Symptomatik in dem Spannungsfeld von Lernanrecht, Schulpflicht und (attraktivem) Sozialisationsangebot angesiedelt[47]. Jedoch globale Institutionskritik eignet sich kaum, einem Kind und seiner Familie in einer akuten, wenn nicht sogar chronischen Krise beistehen zu können. Ich fragte mich daher, wie es kommt, daß das Leid des Kindes so leicht in ein negatives Spannungsverhältnis von *Schulpflicht* und *Lernanrecht* gerät. Es sieht so aus, als könnte es ahnen, *nur* in seiner Rolle als Schüler und nicht als Person ernstgenom-

[47] Ich verweise auf die Literaturliste, insbesondere auf Fischer (1978); Heimrath (1988, 1991); Hentig (1987, 1993); Lempp (1987, 1991); Müller (1990); Nissen (1976); Schmidt, Remschmidt (1986); Schlung (1987).

men zu werden und deshalb gezwungen zu sein, aber auch die Chance zu haben, sich auf diese Weise bemerkbar zu machen?[48]

Somit stellt sich auch die Frage nach einer möglichen institutionellen Mitverantwortung bzw. Präventionsmöglichkeit, denn der Lehrer übernimmt auch die Aufgabe des Vermittlers zwischen der Subjektivität des Schülers und gesellschaftlich definierten Bildungszielen. Dieser Tenor könnte gerade bei jenen Lesern Protest und Ärger bewirken, die sich tagtäglich für einen „guten“ Unterricht einsetzen, sich um „gute“ Beziehungen zu ihren Schülern und deren Familien bemühen und oft selbst aus Überanstrengung manchmal resignieren: Da kann es manchmal angenehm sein, daß einige Schüler fehlen und manche gar nicht wieder kommen. Allein dieses Beispiel zeigt, wie leicht es bei Lehrern und Eltern in gleicher Weise geschehen kann, daß sie zwar das Schulkind, aber nicht das individuelle Kind oder den Jugendlichen wahrnehmen. Lehrer und Familie bedienen sich in einem solchen Fall der gleichen Norm, obwohl die Schule keine familiäre Institution ist.

Andererseits verwundert die Tatsache, daß sich ein unbewußter Konflikt an einem Ort des Lernens ausdrückt, wo Lehrer regulär Konstanz und Beziehung anbieten, wonach Vermeider und Wegläufer geradezu hungern, und diese sich *nicht in das Schulleben integrieren*, sondern dieses und sich selbst verweigern. Lehrer erleben diese Konfrontation ebenso hilflos wie die Familien, so daß zu untersuchen ist, wodurch es so schwierig wird, dem „Zentrum des Sturms“ „ins Auge“ zu blicken.

Bevor wir uns näher mit der Schule befassen, vergegenwärtige ich noch einmal verschiedene Aspekte der Verweigerung. Diese stehen in einem gegensätzlichen Verhältnis zur jeweils ungelebten Seite:

Überwiegt die Angst vor der inneren Trennung von einer geliebten Person, kann das Kind keine neuen Erfahrungen sammeln und reifen.

Sind die Bezugspersonen des Kindes innerlich nicht ausreichend repräsentiert, kann es sich nicht an seinen körperlichen und geistigen Fähigkeiten erfreuen und diese nicht unabhängig von den Erwachsenen erproben (Geborgenheit in gleichzeitiger Unabhängigkeit).

Muß das Kind zu frühe und zu hohe Leistungen in die Beziehung zu seinen Bezugspersonen einbringen, wird es kein Selbstvertrauen in an-

---

[48] Vgl. hierzu im zweiten Kapitel über „die Nicht-Trotzkinder“: Sie machen die Erfahrung, daß sie als unsichtbare Kinder willkommen sind und geraten damit später in den Widerspruch zur Schule, sichtbar werden, sich zeigen zu müssen.

dere Beziehungen einbringen und sich nicht vorstellen können, daß Beziehung *nicht* von seiner Leistungsfähigkeit abhängig ist.

Werden beide Seiten gelebt, bedürfen diese in einem Wechselverhältnis stehenden Erfahrungen, um sie aufrecht zu erhalten, eines „potentiellen Raumes“ (Winnicott), eines „Gemütszustandes“[49], in dem das Kind oder der Jugendliche seine Wünsche und Hoffnungen artikulieren, sein Selbst einbringen kann. Werden „Bedeutungsschichten“ nicht zugelassen, entstehen nicht nur Pathologien wie die Verweigerung, sondern außerdem psychisch-geistige Defizite in Form von „Denkverboten“: Die Erwachsenen mit der eigenen Vitalität zu konfrontieren, sich von zu Hause für begrenzte Zeit zu entfernen, zu erleben, wie gute Beziehungen auch Leistungsfreude bewirken, sich mit Vater und Mutter gleichzeitig zu verstehen, sich mit beiden Eltern auseinanderzusetzen.

Schulvermeider und Wegläufer sind nicht in der Lage, einen solchen „dialektischen Prozeß“ zu unterhalten: die eigene Vitalität spüren zu dürfen, ohne fürchten zu müssen, den anderen zu zerstören; von zu Hause wegzugehen und sich nicht sorgen zu müssen, ob bis zur Rückkehr jemand verloren geht; sich nicht um die Beziehung ängstigen müssen, wenn die Leistung nicht den Erwartungen entspricht; sich nicht zu fürchten, die Mutter zu verlieren, wenn der Vater stärker als diese geliebt wird oder umgekehrt; nicht Angst zu haben, die Eltern zu zerstören, wenn neue Personen und eigene Wege wichtiger werden.

In allen Beispielen steckt die Angst, mit dem eigenen Tun etwas Irreparables anzurichten. In all jenen Bereichen, in denen sich vorgestellt wird, mit den eigenen Wünschen und Ängsten etwas in destruktiver Weise zu *verwirklichen,* wird das Kind oder der Jugendliche unfähig zur Subjektivität, seinem Selbst und Denken. Rückzug, Vermeidung und Nichtbe-

---

[49] Ich beziehe mich auf Ogden, Th. (1997): „Über den potentiellen Raum. On potential space“. In dieser Arbeit wird der Versuch unternommen, den Begriff des „potentiellen Raumes“ neu zu durchdenken, um Winnicotts Ideen, oftmals gefangen in einer zu metaphorischen Sprache (z.B. Übergangsobjekt) einer systematischen Erforschung zugänglich zu machen. Einige seiner Überlegungen wende ich auf die Schulverweigerung an und auf die Schule, eines „potentiellen Raumes“ für kulturelle Erfahrungen und Kreativität. — Ursprünglich bezog sich dieser Begriff auf den physischen und mentalen Raum zwischen Mutter und Säugling. Im Laufe der normalen Entwicklung erwirbt das Kind die eigenständige Fähigkeit, einen „potentiellen Raum“ zu schaffen und aufrecht zu erhalten. Dieser Fähigkeit liegen komplexe psychische Aktivitäten zugrunde, die von Ogden mit dem Begriff des „dialektischen Prozesses“ paradigmatisch umschrieben werden Kurz gefaßt, es wird die Fähigkeit beschrieben, aus zwei gegensätzlichen Erfahrungen (z.B. Unabhängigkeit vs. Geborgenheit) ein Drittes entstehen zu lassen (Geborgenheit in der Unabhängigkeit und umgekehrt).

teiligung am Leben sind die Folge. Es kann nichts Neues entstehen, das Familiensystem wird einfach konserviert.

Erdheim (1984) und andere Autoren[50] haben auf Verlaufsformen der Adoleszenz und auf deren Bedeutungen für die kulturelle Entwicklung hingewiesen. Von dem Idealtypus der „verlängerten" Adoleszenz (Erdheim) gibt es Abweichungen. In Familien, wo die Konflikte nicht ausgetragen werden, gibt es für den Jugendlichen keine Alternativen, die seine Weiterentwicklung fördern. Trennungs- und Individuationskrisen, die in der Adoleszenz wiederbelebt werden, um frühe Traumatisierungen im Sinne einer „zweiten Chance" (Eissler)[51] korrigieren zu können, müssen sich ein anderes Betätigungsfeld suchen, beispielsweise die Schule, auch wenn sie diese verweigern.

Zunächst gehe ich der Frage nach, unter welchen Bedingungen Schule einen anderen „Gemütszustand" erzeugen und andere als die familiären Erfahrungen ermöglichen kann oder nicht. Es wird sichtbar, daß ihr sowohl *fördernde wie auch vermeidende Strukturen* zugrunde liegen. Anschließend stelle ich dar, auf welche Weise sich die Bedürftigkeit und Überforderung von Eltern zeigen kann.

Die Schule als „potentieller Raum" und „zweite Chance"

Die Schule als „Übergangsinstitution"

Die meisten Schulvermeider und Wegläufer befinden sich in der beginnenden Pubertät und Adoleszenz, im *Übergang* von der Kindheit zum Erwachsenwerden. Die Schule ist eine *kulturelle Übergangsinstitution* (Erdheim 1984) für den Übergang aus der Familie in die Welt der Arbeit und der Kultur. Insofern haben die Jugendlichen als Aktionsfeld die richtige Wahl getroffen. Nur wissen wir, daß es mit der Bewältigung der Übergänge hapert, die Jugendlichen verharren an den inneren und äußeren Schwellen, es wird offensichtlich, daß sie die Institution im eigentlichen Sinne nicht für sich nutzen können (vgl. *Alwin*). Oder könnte es

[50] Blos, P. [(1962) 1992], Erdheim, M. [(1984) 1990], Jacobson, E. [(1964) 1988].

[51] Eissler, K. R.: Bemerkungen zur Technik der psychoanalytischen Behandlung Pubertierender nebst einigen Überlegungen zum Problem der Perversion. In: Psyche. 1966. Band 20 Heft 10-11· 868.

sein, falls in der Familie keine Korrekturen möglich sind, ein entsprechend anderer „sozialer Ort“ (Bernfeld), in diesem Fall die Schule entgegen allen Scheins, doch um so wichtiger wird?

Ist die Schule eine *Übergangsinstitution*, liegt es nahe, mit Erdheim zu überlegen, ob *Lehrer* dementsprechend im psychischen Sinne auch *Übergangsobjekte* [Winnicott (1971), 1985; Erdheim 1984] sein können. Dies ist eine verlockende Metapher, so daß ich zunächst geneigt war, Erdheim ohne weiteres zuzustimmen, denn bezogen auf die Dauer und Funktion ihres Einflusses auf Schüler haben Lehrer eine *Übergangs- und Brückenfunktion*. Für Kliniklehrer ist diese Funktion auf die Phase der Krankheit begrenzt, somit verglichen mit der übrigen Schulzeit oft nur von sehr kurzer Dauer, aber durch den Kontakt im Einzelunterricht oder in kleinen Lerngruppen von besonderer Intensität. Auch wenn der Lehrer aus der Sicht des Schülers ein Objekt ist, ist er kein primäres Objekt, das den Eltern vergleichbar ist, vielleicht ein Nebenobjekt. Auch ist er kein Übergangsobjekt im Sinne Winnicotts. Denn Lehrer sind keine Gegenstände, die erst durch die Phantasie der Schüler belebt werden, sondern — abgesehen von den Phantasien, die sich Schüler über ihre Lehrer machen — real reagierende Personen, so daß vielleicht von einem *Übergangssubjekt* gesprochen werden könnte. Doch ist etwas genauer hinzusehen, wie sich diese in der besonderen Symptomatik zur Schulvermeidung ausnimmt.

Im *Spiel* mit dem Übergangsobjekt, irgendeinem geliebten, Sicherheit gebenden Gegenstand kann ein Kind die Realität verwandeln. Das Kind kann etwas imaginieren, was noch nicht Teil seiner inneren Welt ist, beispielsweise eine Trennung von der Mutter oder einer anderen wichtigen Person ertragen zu können. Dieser zunächst hoch besetzte Gegenstand verliert mit der Reifung des Kindes zunehmend an Bedeutung, er wird eines Tages verloren gehen oder in irgendeiner Kiste verwahrt bleiben, vergessen wird er kaum.

Wie verhält es sich mit dem Lehrer? Auch er hat nur für eine *begrenzte* Zeit *Bedeutung* für seine Schüler, vergessen wird er auch nicht gänzlich, denn Freud (1914b) erwähnt in der „Psychologie des Gymnasiasten“ wie bei einer Wiederbegegnung mit einem Lehrer in späteren Jahren Gefühle aus der Jugend wieder lebendig werden können.

Ist der Lehrer idealtypisch gesehen den symbolischen Umarmungen und Knüffen seiner Schüler gewachsen, würde er in seiner affektiven Qualität einem Übergangsobjekt, mit Erdheim gesprochen, vielleicht einem stoßfesten „Teddy“ entsprechen. Der Schüler begegnet dem Lehrer jedoch in einem inzwischen reiferen Entwicklungsstadium; das Realitätsprinzip hat auch bei Vermeidern und Wegläufern die Oberhand gewonnen, auch wenn von diesen Schülern teilweise die Realität verzerrt[52] wahrgenommen wird:

> Beispielsweise wurde die eigene *Leistungsfähigkeit* überschätzt. *Gerhard* und *Ludwig*, beide in der achten Klasse, wünschten sich von mir in Mathematik und Latein, daß sie zwei bis drei versäumte Schuljahre in einem halben Jahr im Hausunterricht nachholen könnten, als ließe sich Entwicklung einfach überspringen. Diese Schüler erlebte ich als äußerst intelligent und engagiert, und ich war sogar verführt, diese Haltung zu unterstützen, indem ich gedanklich einen entsprechenden Arbeitsplan entwarf, bis ich merkte, daß ich mich auf einer riskanten Gratwanderung befand: Die an sich leicht herstellbare gute Arbeitsbeziehung im Einzelunterricht würde wieder mit einer Extremleistung belastet werden[53]. Mir fiel auf, daß ich mir nahezu unversehens die elterlichen Normen zu eigen machte, die schulischen Defizite zu reparieren, ohne daß ich den „Raum" für eine schulische Entwicklung offenhielt, für die es zwar formal gesehen einen Lehrplan gab, ich aber noch gar nicht wissen konnte, wie sich der Schüler entwickeln würde.

Lehrer und Schüler können gleichermaßen beteiligt sein, familiäre Strukturen in der Schule aufleben zu lassen. Eigentlich soll Schule dem Jugendlichen die Möglichkeit geben, die Erfahrungen, die er bei sich zu Hause machte, nicht einfach zu wiederholen, sondern sie zu korrigieren im Sinne einer „zweiten Chance". Dies ist nur möglich, wenn Schule zu einer „Alternative" wird, die in einem „*Antagonismus* zwischen Familie und Kultur eingebettet ist" (Erdheim, 1984: 347).

Wie kann dieser Antagonismus aussehen hinsichtlich der manifesten Struktur von Schule in der Betonung des Leistungsaspektes und in der

---

[52] Hinsichtlich der *sozialen Einschätzung* war ebenfalls eine verzerrte Wahrnehmung zu beobachten. Es gab zwei Extreme: Entweder wurden Mitschüler als total feindlich erlebt, oder, was ich häufiger beoachtet habe, verleugneten diese Kinder und Jugendlichen, daß sie in der Klasse isoliert waren, indem sie behaupteten, sich mit der ganzen Klasse *prima* zu verstehen. Aber sie hatten jeweils keinen Freund oder eine Freundin. Ist man mit niemandem in Kontakt, ist es leicht, mit allen gut Freund zu sein.

[53] In diesen Bereich fällt auch die Problematik der Leistungsbeurteilung. Interpretiert der Schüler die Note oder das Erreichen eines Unterrichtszieles als ein unerträgliches Urteil über seine Person, so sind regressive Prozesse naheliegend und stellen den Lernfortschritt infrage.

Ausrichtung auf kollektive, die Familie relativierende Werte und Verhaltensmuster? Eine Alternative liegt also zunächst in den Inhalten. Aber ihre latente Struktur, *die hierarchische Ähnlichkeit* zwischen Lehrern und Eltern, Mitschülern und rivalisierenden Geschwistern neutralisiert diese Funktionen wiederum, wenn elterliche Einflüsse auf die Schule überhand gewinnen:

> *Bernhard*, 14 Jahre alt, lernte ich bei einem Hausbesuch mit dem Beratungssdienst kennen. *Bernhard* gab vor, morgens in die Schule zu gehen, kam stundenplangemäß nach Hause, machte nachmittags seine Hausaufgaben, aber im Unterricht erschien er nicht. Er wollte unbedingt die Schule wechseln. Die Mutter führte einen Frühstücksstand in der Schule und war jeden Tag in der großen Pause anwesend und versorgte die Mitschüler. Sicherlich wurden ihr seitens der Schule Aufmerksamkeit und Dank entgegengebracht. Die Mutter konnte sich nicht vorstellen, wie sehr sie in den eigenen sozialen Raum des Jungen eindrang. Dort wurde er wieder mit der guten versorgenden Mutter konfrontiert, sich gegen diese zu behaupten und abzugrenzen, war kaum möglich. *Bernhard* mußte sich einen Ausweg suchen.

Die Neuauflagen der auf die Eltern bezogenen Gefühle auf Lehrer ist ein phasenadäquater Vorgang. Freud (1914b) äußert sich hierzu „Wir brachten ihnen [den Lehrern] die Ambivalenz entgegen, die wir in der Familie erworben hatten, und mit Hilfe dieser Einstellung rangen wir mit ihnen, wie wir es mit unseren leiblichen Vätern zu ringen gewohnt waren." (207) Der Schulalltag zeigt, daß bei Schülern in der Latenz die Übereinkunft von Eltern und Lehrern eine wichtige Rolle spielt. In der Adoleszenz hingegen gewinnt die Peergroup an Bedeutung, die nicht nur die Ablösung von der Familie unterhält, sondern auch die anfängliche Hochschätzung in der Latenz von Schule und Lehrern relativiert. Auch wenn Schüler nach wie vor Lieblingslehrer und -fächer haben, werden während der Adoleszenz selten Erwachsene radikaler demontiert, als es Lehrern im Schulalltag geschehen kann. Ablösung wird also auch im schulischen Raum und nicht nur in der Familie geübt.

Werden allerdings Bindungen aus der Familie zu intensiv in die Schule hineingetragen, kann sie keine neuen „Spiel- und Erfahrungsräume" (Winnicott) offenhalten. Indem der Schüler in seiner Verweigerung Schule *und* Familie miteinander konfrontiert, verweist er auf zweierlei: nicht nur auf die eigene Not innerhalb der Familie, sondern auch darauf, daß der „potentielle Raum“ außerhalb der Familie abhanden gekommen sein kann.

Der Lehrer als „Übergangssubjekt“

Im Einzelfall ist unbekannt, welche unbewußten Wünsche und Phantasien bei der *Wahl des Lehrerberufes* maßgeblich sind. Lévi-Strauss hat die Frage gestellt: „Ist der Lehrerberuf nicht das einzige Mittel, das dem Erwachsenen gestattet, in der Schule zu bleiben?“ [1955: 46, zitiert nach Erdheim, 1984: 352] Dies könnte einerseits bedeuten, daß mit der Berufswahl versucht wird, im Kontakt mit den Jugendlichen die Welt immer wieder neu sehen zu wollen, aber auch, „daß man in der Schule bleiben möchte, um die infantile und geordnete Welt zu retten“ (352).

In dem Versuch, mit den Jugendlichen die Welt immer wieder neu zu sehen, könnte der Lehrer geistige Spielräume offenhalten und zu einer „zweiten Chance“ werden. Der Lehrer übernimmt in differenzierter Weise die Rolle eines lebendigen ergänzenden Dritten zur Familie, sofern sich nicht familiäre Erfahrungen wie im Fall *Sigruns* wiederholen (Verlust der ersten Lehrerin = Mutterverlust). Wir hatten gesehen, daß der Dritte, der befreiende Vater, jeweils fehlte, da das Kind in der mütterlichen Dyade oder in Koalitionen mit einem Elternteil gefangen blieb.

Allein die aufmerksame, belastbare und tägliche Präsenz des Lehrers kann dem Schüler eine „fördernde Umwelt“ (Winnicott) offenhalten. Die Eltern der Schulvermeider und Wegläufer können das nicht, sie können ihre Kinder nicht wahrnehmen, weil sie selbst noch zu sehr in die Konflikte ihrer eigenen Kindheit verwickelt sind oder selbst noch die Sehnsucht haben, einmal gänzlich angenommen zu werden.

> *Sigruns* Mutter saß selbst wie ein Schulkind ein halbes Jahr lang vor dem Klassenzimmer ihrer Tochter, bis dies der Schulleiter nicht mehr dulden wollte. Der Vater konnte seine berufliche Weiterbildung erst dann erfolgreich abschließen, als es auch *Sigrun* gelang, wieder in die Schule zu gehen und die Position der Mutter gestärkt worden war.

Manchmal werden Lehrer — geliebt oder gehaßt — auch von den Schülern für wichtiger genommen, als sie es von der Funktion her sein können. Die konstante Präsenz des Lehrers kann zwar einerseits die Mangelerfahrungen von Schülern korrigieren, andererseits müssen sich Schüler und Lehrer mit ihren womöglich eigenen Bindungs- und Beziehungsdefiziten dem Dialog stellen: Schüler befinden sich ihren Eltern gegenüber emotional im Übersoll, haben Angst, etwas für sich, statt für andere zu tun. Wie werden diese Schüler auf Über-Ich- bzw. Ich-Ideal-Ansprüche von Lehrern reagieren?

An überzogenen Über-Ich-Ansprüchen könnte sich die Verweigerung entzünden, so daß stellvertretend für die Familie die Schule und die Lehrer zur Zielscheibe der längst fälligen Aggressionen werden. Dies träfe für Schüler mit sicheren Bindungserfahrungen zu. Vermeider und Wegläufer sind jedoch nicht zur offenen, sondern nur zur indirekten Auseinandersetzung im Rückzug fähig oder sie verharren in der Identifizierung mit überhöhten Ansprüchen, was reifungsmäßig gesehen ungünstiger wäre. Mit Forderungen an das Ich-Ideal sind diese Schüler nicht viel besser bestellt, sie könnten bestehende Ängste vertiefen: Der Jugendliche erwirbt in diesem Stadium seiner Entwicklung erstmals die kognitive Fähigkeit, von konkreten Vorstellungen zu abstrahieren (Piaget: Stadium der „formalen Operationen“). Auch dies ist eine Ablösung, indirekt auch von den Eltern, nämlich von gewohnten und Sicherheit gebenden Vorstellungen. Kann das überforderte Selbst des Jugendlichen es sich unter diesen Voraussetzungen gestatten, selbstständig zu denken, etwas in Frage zu stellen, Neues zu probieren? Es liegt nahe, auch hier den Rückzug anzutreten:

> *Alwin* fürchtete sich noch mit nahezu zwanzig Jahren davor, nicht mehr mit den Eltern gleicher Ansichten sein zu können. Er lehnte es ab, seine Lehre zum Bäckergesellen abzuschließen, obwohl seitens der Klinikschule festgestellt wurde, daß er mit ausreichender Unterstützung und Übung die Abschlußprüfung hätte schaffen können.

Manchmal geraten adoleszente Mädchen, die bis in die siebte Klasse gute Noten in Mathematik hatten, plötzlich in eine Leistungskrise. *Irene,* im achten Schuljahr, erhielt von mir sowohl in der Klinik wie bei sich zu Hause Unterricht in Mathematik. Sie war weder Schulvermeiderin noch Wegläuferin, doch kann dieses Beispiel zeigen, wie leicht Vermeidungsstrategien zum Mittel der Wahl werden können, wenn etwas in den eigenen Vorstellungen bedrohlich wird:

> Ihren Leistungsabfall erklärte sie damit, daß der Lehrer seit einigen Monaten nicht mehr „gut“ erkläre. Zunächst versuchte ich jeweils aufzuspüren, wo das Verstehen ausgesetzt hatte, bis ich bemerkte, daß *Irene* immer bei dem vorletzten oder letzten Erklärungsschritt, nachdem sie bis dahin alles begriffen hatte, die Notbremse zog: Sie wüßte

nicht, wie ich das meine. Ich erlebte dieses Verhalten wie eine *Denk-Weigerung*. Ich wurde zunehmend hilfloser und sagte schließlich, daß ich es wohl auch nicht besser machte, als ihr eigentlicher „Mathe-Lehrer". — Zu Beginn der nächsten Unterrichtsstunde empfing sie mich mit der Frage: „Ist man eine richtige Frau, wenn man Mathe gibt?" Ich fragte sie, wie sie darauf käme. „Nur so!" Sie musterte mich deutlich. Wir unterhielten uns, sie wollte wissen, ob ich als Schülerin dieses Fach *immer* mochte, was ich für Zensuren hatte und warum ich es unterrichtete. Die Leistungsschwäche konnte sich nur langsam beheben. Jedoch die Notbremse funktionierte nicht mehr so richtig, *Irene* ließ sich jetzt leichter dazu bringen, noch einmal selbst zu überlegen.

Bisher wurde sichtbar, daß der Lehrer ein förderndes Übergangssubjekt darstellen kann, sofern er — trotz möglicher Ähnlichkeiten — persönlich, emotional und kognitiv Alternativen zu familiären Erfahrungen repräsentieren kann. Diese Fähigkeit stellt sich nicht von alleine her, sie kann sich sogar selbst unterlaufen. Hierzu soll jetzt das Augenmerk auf das „Kind im Lehrer" gerichtet sein:

Bernfeld [(1928) 1967] hat in seinem Klassiker „Sysiphos [...]" von den „Grenzen der Erziehung" und damit den Grenzen der pädagogischen Aufklärung gesprochen: Aus der Sicht des Erwachsenen stehe der Erzieher vor zwei Kindern, „dem zu erziehenden vor ihm und dem verdrängten in ihm. Er kann nicht anders, als jenes zu behandeln, wie er dieses erlebte." (1967: 140f.)

Schulvermeider und Wegläufer leiden unter einer Beziehungs- und nachfolgenden Leistungsstörung: Auch ihnen stehen im Lehrer quasi in Personalunion ein Erwachsener und ein ehemaliges Kind gegenüber. Wir wissen nicht, wie sich der einzelne Lehrer in der ödipalen Auseinandersetzung verhält, von dem Schüler persönlich gefordert zu sein, und welche Voraussetzungen des Verstehens er hat, diese Anforderung zu bewältigen. Im ungünstigsten Fall eines Konfliktes stehen sich zwei hilflose Kinder oder Jugendliche gegenüber, von denen das Kind im Lehrer über größere Macht verfügt, über die Möglichkeit, sich auf schulische Verwaltungsstrukturen zu berufen.[54] Für das Kind im Lehrer entsteht auf diese Weise eine Sicherheit, die der Schüler nicht hat. Wünsche (1977) äußert sich über die Unfreiheit des Lehrers:

[54] Vgl. u.a. Erdheim, 1984; Fürstenau (1964b).

„Wir verdrängen unsere Schulangst als Kinder und unsere jetzige Schulangst als Lehrer.“ — “Wir schützen uns gegen die Angst, indem wir einen Unterricht machen, in dem die Übereinstimmung zwischen Planungsabsicht und Planungsrealisation bei uns Könnensgefühle, das heißt, Machtgefühle auslöst.” (152)

Aus der Sicht des Schülers bleibt die Macht auf Seiten des Lehrers, der Erwachsenen. Es wiederholt sich für das Kind eine bekannte Erfahrung, sich nicht selbst einbringen zu können; es reproduzieren sich in einem solchen Fall die Erfahrungen mit der Familie. Gleichzeitig wird spürbar, wie Schule und Familie, Lehrer und Eltern in ihrer psychischen Qualität austauschbar sein können, so daß statt gegen die Familie ebenso gegen die Schule protestiert werden kann.

Lernbeziehungen im öffentlichen und privaten Raum

Die Trias des Lernens mit „Kopf, Herz und Hand“ (Pestalozzi), neuere Autoren erklären dieses Phänomen neuropsychologisch (u.a.Vester, Pöppel), ist jedem Lehrer geläufig. Sie steht für selbstätiges Lernen, das die Sinne, das Gemüt und nicht nur die intellektuellen Kräfte des Kindes und Jugendlichen bewegt. Trotz dieses Wissens und Bemühens weiß jeder, wie leicht das schulische Lernen desintegriert, wenn Kognitionen und Affekte durch Störungen im Unterricht nicht verbunden gehalten werden können. Während Störungen integrativer Bestandteil einer Psychotherapie sind und entwicklungspsychologisch das *Nein* der Organisator der Realitätsentwicklung ist (Spitz), können die Unruhe oder der Widerspruch des Schülers häufig nicht ohne Schwierigkeiten in einen Lernprozeß integriert und kreativ genutzt werden. So kommt es entweder leicht zu Disziplinierungen oder mißverstandener Loyalität, einer Laissez-faire-Haltung zwischen Lehrern und Schülern, die im übertragenen Sinne wiederum nur die Rigiditäts- oder Verwöhnungserfahrungen des jungen Kindes mit seinen Eltern wiederholen (vgl. das „Nicht-Trotzkind“). Insofern können die schulischen Strukturen des Lernens das Symptom verstärken.

Auch aus noch anderen Gründen können Vermeidungen entstehen. Persönlich verstehende Beziehungen zu Schülern, aber auch deren emotionale Ablehnung stellen ihre Objektivität, eine gleichermaßen wohlwollende wie distanzierte Haltung gegenüber allen Schülern, infrage. Wut, Haß, Unlust, Bewundern oder Begeisterung sind mögliche Affekte von einzelnen Schülern, aber auch von Lehrern, die in den Unterricht hineingetragen werden. Es soll manchmal etwas Platz finden, was gleichzeitig nicht sein darf. Auch hier kommt es zu einer Ambivalenz in der Beziehung, einer Unsicherheit für das Kind, die es von seinen vermeidenden Eltern her kennt. Im therapeutischen Dialog werden Ambivalenzen ertragen oder gelernt, mit ihnen umzugehen. Im konkreten Schulalltag stehen Unterrichten und kognitives Lernen im Vordergrund, wobei das angemessene Umgehen mit eventuell heftigen Affekten vieler, manchmal aber auch nur eines einzigen Schülers, vom Lehrer kaum geleistet werden kann, ausgenommen Lehrer und Schüler mögen sich und der Lehrer kann seine Rolle und die Interaktion mit seinen Schülern reflektieren. Wahrscheinlich ist es idealtypisch gedacht, daß auch in einer schulischen Arbeitsbeziehung Form und Inhalt des Lernens oder die Bereitschaft, etwas zu leisten, immer wieder persönlich neu ausgehandelt und gestaltet werden müssen, vergleichbar der frühen Erfahrung, wenn es einigermaßen gut gegangen ist, daß Leisten, Geben und Nehmen aus der Abstimmung mit der Pflegeperson erwachsen.

Auch ist eine schulische Lehrer-Schüler-Beziehung nicht frei wählbar im Gegensatz zur therapeutischen Lern-Beziehung, obwohl es auf ein *Maß von Selbstbestimmtheit im Unterricht*, auf die Möglichkeit institutionelle Normen hinterfragen zu dürfen, ankommt:

> Wichtig war, daß *Gerhard* erleben konnte, daß seine Aggressionen erlaubt waren bzw. ausgehalten werden konnten (Unterrichtsszene), er sich nicht vor sich selbst fürchten mußte. Eine neue Erfahrung für ihn war, daß die Erwachsenen selbst das Risiko eingingen, sich zu verändern, sich ggf. gegen die Norm zu verhalten: Der Vater nimmt ihn gegen ärztlichen Rat aus der Klinik, die Lehrerin stellt die Unterrichtspflicht infrage bzw. bekennt sich zu ihrem eigenen Ärger.

Dadurch, daß Auseinandersetzungen zugelassen und (aus)gehalten werden, der „dialektische Prozeß“ in Gang bleibt, entstehen neue intrapsychische und intersubjektive Erfahrungsräume, entstehen Freiheit und Lust an Veränderung und Lernen. Dadurch kann ein Entwicklungsstillstand, der sich in Vermeiden und Weglaufen ausdrücken kann, aufgehoben werden. Gefragt sind allerdings Eltern und Lehrer — im umfassenden Sinne des Wortes — in ihrer ganzen Persönlichkeit, in dem sie ihre Beziehungen zu den Kindern und Schülern immer wieder neu gestalten.

Bedürftige Eltern

Für die Einhaltung der Schulpflicht sind die Eltern verantwortlich, jedoch wie die Beratungspraxis zeigt und in der Fachliteratur nachgewiesen wird, ist Schulverweigerung „a problem of no-man's land“ (Kahn / Nursten, 1964), so daß es für Lehrer, Hausärzte, Schulen, Gesundheits- und Soziale Dienste zu einem Erklärungsbedarf gekommen ist, da sie diejenigen sind, die von den Familien mit diesem Verhalten konfrontiert werden. Während sich u.a. aus dem vorigen Abschnitt durchaus die Kritik ableiten läßt, daß die Institution Schule unter Umständen die Adoleszenzkrise verstärkt, statt an ihrer Bewältigung mitzuwirken, befasse ich mich jetzt mit den Phänomenen, wie Eltern einen Teil ihres Erziehungsauftrages unbewußt delegieren.

Ergebnisse der Bindungsforschung[55] besagen, daß die eigene Bindungssicherheit Einfluß hat auf die Bindungssicherheit, die Eltern dem eigenen Kind vermitteln können, und daß es infolgedessen intergenerationelle Zusammenhänge gibt. Unter elterlicher Bindungssicherheit ist zu verstehen, daß über ein hohes Maß an Selbstreflexivität verfügt wird. Diese Eltern sind in der Lage, sich in das Kind einzufühlen, es wahrzunehmen und damit eine „fördernde Umwelt“ (Winnicott), einen Raum für emotionale Entwicklung offen zu halten.

Die Eltern von Schulvermeidern und Wegläufern gehören zu zwei anderen Gruppen; zunächst zu jenen, die sich „nicht erinnern“ können, ihre eigenen negativen Erfahrungen verleugnen und sich deshalb wohl auch nicht an Entwicklungsschritte ihres eigenen Kindes erinnern können, wie es besonders in dem „mütterlichen Nein“ und bei den „Nicht-Trotzkindern“ deutlich wurde. Die zweite Gruppe ist selbst noch in die Beziehungskonflikte der eigenen Kindheit verwickelt. Diese Eltern haben oft die Sehnsucht, selbst noch einmal ganz angenommen zu werden. Spontan fällt mir hierzu noch einmal *Sigruns* Mutter ein, die ein halbes Jahr lang vor dem Klassenzimmer ihrer Tochter saß, bis dies vom Schulleiter unterbunden wurde. Die Schulvermeider und Wegläufer haben seit Beginn ihres Lebens sich stärker auf das Selbst der Eltern einstellen müssen, als daß es einen Raum für ihre vitale Selbstentwicklung gegeben hätte. Besonders im Fall *Sigruns* war auch die Bedürftigkeit des Vaters sichtbar

---

[55] Vgl. Spangler, Zimmermann [(Hg) 1995]: Die Bindungstheorie Grundlagen, Forschung und Anwendung. Stuttgart. 1999.
Göppel, R.: Eltern, Kinder und Konflikte. Stuttgart, Berlin, Köln. 1998.

geworden: Im ersten Jahr der stationären Behandlung seiner Tochter gelang es ihm nicht, seine berufliche Weiterbildung erfolgreich abzuschließen.

Der Leser mag einwenden, daß es sich bei den stationär behandelten Kindern und Jugendlichen um Schlußfolgerungen aus rekonstruierten Szenen handelt. Jedoch im Hausunterricht und auf meinen Hausbesuchen mit dem Beratungsdienst für Schulvermeider hatte ich in fast allen Fällen persönlichen Kontakt zu den Eltern, meistens zu den Müttern.

Im *Hausunterricht* erlebte ich, wie Eltern fast jede Gelegenheit ergriffen, sich über ihre Sorgen mitzuteilen, am ehesten zu Beginn des Unterrichts bei der Begrüßung oder wenn der Schüler noch etwas von seinen Unterrichtssachen zusammensuchte. Aufgrund der geschilderten Erfahrungen mit *Utes* Vater und mit zwei anderen Familien machte ich mir zur Regel: *zuerst das Kind, dann die Eltern.* Auf diese Weise konnte ich etwas Distanz halten zu den familiären Interaktionen. Der psychische Unterrichts- und Arbeitsraum mit dem Schüler konnte sich dadurch eher als etwas anderes Eigenes abgrenzen, was auch deshalb wichtig war, weil der Unterricht in den Räumen der Familie stattfand.

In diesem Zusammenhang ist sogar zu bezweifeln, ob ein Hausunterricht bei Schulvermeidern stattfinden sollte, denn der Lehrer kommt in das Haus, welches das Kind oder der Jugendliche nicht verlassen kann, so daß durch diese Maßnahme eigentlich das System der Familie gestützt wird.

Kam es zu Gesprächen mit den Eltern, achtete ich darauf, daß der Schüler in der Nähe blieb, er sich jederzeit einschalten oder ich ihn ansprechen konnte. Damit wollte ich erreichen, daß es für den Schüler nicht nach einer *Koalitionsbildung zwischen Lehrer und Eltern* aussehen mußte, wie im Fall *Utes*. Manchmal kam es auch zu bewegenden Szenen:

> Ich werde niemals *Musas* knallrote Ohren vergessen. Sie war zwölf Jahre alt, sie saß etwas abseits auf dem Sofa, als die Mutter mir etwas erzählen wollte. Ich hatte währenddessen schon des öfteren zu *Musa* hingeschaut, weil ihre Erregung immer sichtbarer wurde. Plötzlich stand sie auf mit einem strengen Vorwurf: „Ich laß Dich doch in Ruhe, ich tu doch alles, was Du willst", während die Mutter unter Tränen von einem behinderten Kind zu erzählen begann.

Ich machte mir in solchen Augenblicken zur Aufgabe, teilnehmend zuzuhören, weder zu verteidigen, noch zu interpretieren. In Elterngesprächen in der regulären Schule bezieht der Lehrer sehr wohl Stellung, hier war die Situation anders, denn es ging nicht in erster Linie um *Musa* als Schülerin, sondern um familiäre Verständigungsformen, in die ich mich nicht verstricken wollte. Durch die haltende Zurückhaltung des Lehrers kann es hin und wieder gelingen, daß Eltern und Kinder etwas zur Sprache bringen, was zu zweit nicht geht.

Wesentlich heftiger zeigte sich die Bedürftigkeit der Erwachsenen bei den *Hausbesuchen*. Oft war es schwierig, die Kinder oder Jugendlichen in das Gespräch miteinzubeziehen: Entweder war die aktuelle Situation so verhärtet, daß die Schüler einfach schwiegen (vermieden) oder sie waren zu dem vereinbarten Termin nicht anwesend (weggelaufen). Manchmal konnten Eltern aus beruflichen Gründen nicht anwesend sein. Andere Eltern zogen sich einfach in ein anderes Zimmer der Wohnung zurück und ließen uns mit dem Schüler allein mit dem Hinweis, „es sei ja schließlich dessen Problem!“ *Sie delegierten* auch hier einfach *die Verantwortung*, sie ließen das Kind allein. Auch hier war *die Dynamik von Ausstoßen oder Festhalten* zu beobachten.

Waren die betreffenden Kinder oder Jugendlichen anwesend, begann während der Begrüßung oft ein eigenartiges hektisches Hin- und Herlaufen, schließlich in die Küche, um sich etwas zu trinken zu holen: *Sie benötigten etwas zur Stärkung, zum Auftanken*, bevor sie sich auf einen Mitarbeiter des Beratungsdienstes und mich einlassen konnten. Unser in deren Häuslichkeit eindringendes Erscheinen zusammen mit dem unsicheren familiären Hintergrund dieser Schüler muß bedrohlicher gewesen sein, als ich es mir während der Hausbesuche vergegenwärtigte. Hätte ich es getan, hätte ich wahrscheinlich meine Beobachterrolle aufgeben müssen. Wurden wir in der Wohnung empfangen, hat sich jedoch nie ein Schüler in sein Zimmer zurückgezogen. Manchmal wurde er weggeschickt, um auf jüngere Geschwister aufzupassen, was ich oft als Vorwand von den Eltern erlebte, mit uns allein zu sein. Die Kinder blieben aber immer in Reichweite, auf dem Flur oder in der Küche; ließ sich ein jüngeres Geschwister nicht mehr zurückhalten und kam es doch zu einer gemeinsamen Begegnung, war schnell spürbar, daß die Schüler auf dem Stand des Gespräches waren, also *die Situation unter Kontrolle hatten*. Eigenartigerweise kam es dann doch zu einer offenen Verständigung: Sie wurden aggressiv ablehnend, aber auch einlenkend. Jedoch wußte man nie, ob die getroffenen Absprachen mit dem Berater eingehalten würden.

Dafür gab es verschiedene Gründe: Für Außenstehende ist nicht sichtbar, welche unbewußten Absprachen zwischen Kind und Eltern bestehen. Verbal wurde die Schulpflicht von allen akzeptiert, insbesondere von den Eltern. Erst im Laufe der Zeit wurde ich auf den Hausbesuchen hellhörig für die Verweigerung von Eltern. Sie zeigten sich beispielsweise ablehnend zu Mitbewohnern im Haus, gingen wenig weg, hatten Partnerprobleme, sprachen von schlechten Einflüssen im Wohngebiet, weshalb manchmal eine Schule in einem anderen Stadtgebiet gesucht wurde, der Schüler aus den gewohnten Bindungen zu Gleichaltrigen gerissen sich nun anschließend herumtrieb. Diese Beispiele sind nicht vollzählig, sie stehen für eine ablehnende, etwas feindliche Haltung zur Umwelt, zu der auch die Schule gehört, denn ihr Einfluß ist eine Alternative zu der Welt der Eltern. Auf diese Weise kann es zu einer unbewußten Allianz zwischen Kind und Familie kommen, die Schule zu verweigern. Weniger durchschaubar war für mich die Haltung, daß Eltern es überhaupt nicht schafften, den Schulbesuch bei ihren Kindern durchzusetzen.

Wie kann nun dieser Teufelskreis, diese gegenseitige Verklammerung von Bedürftigkeit, die von allen Seiten immer nur ungenügend beantwortet werden kann, durchbrochen werden? Wie kann die „Elternqualität" verbessert werden?

Ich greife zunächst wiederum auf die Bindungsforschung zurück. Hinsichtlich der intergenerationellen Zusammenhänge wurden Großmutter-Mutter-Kind-Beziehungen untersucht.[56] Kinder in sogenannten „fremden Situationen" zeigen ein „unsicher-vermeidendes" oder „unsicher-ambivalentes" Verhalten, wenn Großmütter und Mütter zu der Gruppe derjenigen gehörten, die ihre eigenen Erfahrungen verleugneten oder selbst noch in die Beziehungskonflikte ihrer eigenen Kindheit verwickelt waren.

Manche Eltern der Schulvermeider waren in ihren Wohnverhältnissen abhängig von der älteren Generation. Manchmal hatte ich den Eindruck, die jungen Mütter von den späteren Schulvermeidern wurden von ihren eigenen Müttern zur Arbeit geschickt, damit ihnen das Kind überlassen werden mußte, als könnten sie nur auf diese Weise die neue Familiengründung akzeptieren. Manche Großeltern beanspruchten von der mittleren Generation tägliche Versorgungsleistungen, die hin und wieder auch von diesen an die jungen Kinder delegiert wurden. Mit beginnender Pubertät begannen sich diese zu wehren, wollten beispielsweise dafür ein

---

[56] Benoit & Parker (1994), zitiert nach Göppel 1998· 225. — Vermutlich lassen sich nicht nur in der mütterlichen, sondern auch in der väterlichen Generationsfolge spezifische Gefühlserbschaften und Interaktionsmuster feststellen. Für die väterliche Generationsfolge sind mir keine Untersuchungen bekannt. Doch die Anmerkungen von *Sigruns* Mutter über die Familie ihres Mannes berechtigt zu solchen Vermutungen: Vorsichtig berichtet die Mutter über eheliche Spannungen, sie entschuldigt ihre Anklagen mit der Kindheit des Vaters. Die Eltern des Mannes seien streng, vor deren Besuch zeigt er Ängste und „will relativ schnell wieder flüchten".

Taschengeld haben, so daß es zu einem schwelenden Dauerkrieg zwischen Großeltern und Eltern kam, wenn sich die Enkel nicht mehr bei den Großeltern sehen lassen wollten. Einige der Vermeider und Wegläufer hatten Großmütter als Muttterersatz. Manche Mütter bekannten offen, wie „ausgezeichnet“ sie sich mit ihren Müttern verstanden, es liefe alles „wie geschmiert“, sie könnten es sich gar nicht vorstellen, sich einmal nicht jeden Tag zu sehen.

Die sogenannte „fremde Situation“ war bei den Vermeidern dem Besuch des Kindergartens und anderen Schwellensituationen vergleichbar, die die Schulvermeidung oftmals auslösten. Die familiären Konflikte waren in der Mehrzahl der Fälle nicht erst mit den Schulvermeidern und Wegläufern entstanden. Durch die Verweigerung haben sie die chronifizierten Verhältnisse lediglich sichtbar werden lassen.

Die in der Bindungsforschung untersuchten Verhaltensmuster der Großmutter-Mutter-Kind-Beziehungen konnten durchbrochen werden, wenn die Mütter es lernten, hilfreiche Beziehungen einzugehen. Etwa ein Drittel der Mütter war eine längerfristige therapeutische Beziehung eingegangen. Wichtigstes Kriterium war jedoch eine stabile Partnerschaftsbeziehung, damit es nicht zu einem Zusammenbruch der elterlichen Fähigkeiten kam.

Nach den stationären Fällen aus den Patientenakten schienen viele Eltern kein „Eltern-Paar“ zu sein: Es bestanden Koalitionen jeweils zwischen Kind und Vater oder Mutter. Meist waren die Väter beruflich engagiert und wenig anwesend, die Eltern lebten getrennt oder hatten jeweils neue Partner. Bei der Suche nach Hilfe für das schulvermeidende Kind hatten alle Eltern mehrere Beratungsstellen aufgesucht, aber vor allem ärztliche Unterstützung gesucht, jedoch nur solange, wie sicher war, daß das Schulproblem *außerhalb der Familie* zu lösen wäre. D.h. diese Eltern konnten auch nur schwerlich dazu bewegt werden, bei sich etwas zu verändern oder über sich, ihre persönlichen Beziehungen und ihre familiären Verständigungsmuster nachzudenken. Der Hausunterricht mit Schulvermeidern verlief nur dann erfolgreich, wenn die Eltern selbst eine therapeutische Unterstützung wahrnahmen (*Gerhard)*.

In den Familien, die ich ambulant mit dem Beratungsdienst kennenlernte, gab es alleinerziehende, verlassene, verwitwete und in neuen Beziehungen lebende Mütter. Über sogenannte vollständige Ursprungsfamilien kann ich nichts aussagen, da ich von vier- bis fünfhundert Fällen nur etwa zwanzig derartige Familien kennengelernt habe.

Eine Möglichkeit, die elterliche Kompetenz zu entwickeln und zu stärken, wird in der Bindungsforschung in Form von *Elternbildung* gesehen. Elternbildung besagt in diesem Zusammenhang *Reflektiertheit in eigene Kindheitserfahrungen, da mit dieser einhergehend eine deutliche Fähigkeit zur Einfühlung in die eigenen Kinder festgestellt wurde.*

Da die Widerstände in den Familien von Vermeidern und Wegläufern erheblich sind, die Verweigerung ihrer Kinder als ein eigenes, familiäres Problem anzusehen, war jede Hilfe, die *nur* von außen kam und kein Bewußtsein für die eigene Verantwortlichkeit wecken konnte, von vornherein schon fast zum Scheitern verurteilt.

Wie schwer es diesen Eltern fällt, sich in ihre Kinder hineinzuversetzen und wie sie sich stattdessen in einem Machtkampf an äußeren schulischen Dingen verhärten, möchte ich am Beispiel einiger Szenen während eines Hausbesuches mit dem Beratungsdienst darstellen.

„Inga kann machen, was sie will"

Inga (knapp 14 Jahre alt) ging seit einigen Monaten nicht mehr zur Schule. Der Hausbesuch war zusätzlich mit einem Mitarbeiter der Sozialen Dienste [Herr SD] verabredet worden, da es vermutlich auch um sexuellen Mißbrauch durch Vater und Stiefvater ging. Letzteren hatte die Mutter inzwischen 'rausgeworfen; man habe nichts richtig nachweisen können. Vor diesem Hausbesuch fühlte ich mich unwohl, ging es um Mißbrauch, empfand ich die Gegenwart der Männer als unpassend, ging es lediglich um Schulverweigerung, „würde hier mit Kanonen auf Spatzen geschossen".

Die Mutter wies uns allen etwas energisch einen Platz an. Sie saß auf der Lehne eines Sessels, als wäre sie auf dem Sprung hinauszugehen. Dabei guckte sie ihrer Tochter immer schräg ins Gesicht. Beide tauschten hin und wieder lauernde Blicke. Wie mir der Platz angewiesen wurde, störte mich, ebenso der stumme und spannungsgeladene Austausch zwischen Mutter und Tochter. Ich verspürte den Wunsch, nicht sitzen zu müssen, mich frei zu bewegen.

Inga wurde über die Häufigkeit des Schulbesuchs befragt, bestätigend, was in der Akte stand. Inga war wortkarg. Die Erwachsenen redeten miteinander, und ich beobachtete, wie Inga immer kaum merklich den Kopf schüttelte und sich mit zusammengepreßten Lippen in die Ecke des Sofas drückte. Dabei behielt sie alle im Blick.

Ich fühlte mich zunehmend beengt und wechselte zu einem Platz außerhalb der Sitzgruppe. Außerdem fiel mir auf, wie die Unterhaltung der Erwachsenen an der Blickachse von Mutter und Tochter ab- und entlangglitten.

Inga wollte in die Schule Y. Die Mutter wollte das nicht, weil sie dort unter den schlechten Einfluß älterer Mädchen geraten war, sie blieb nachts weg. Vorher besuchte sie die Schule Z., Inga wollte dorthin nicht zurück, aber die Mutter bestand darauf. Daraufhin verweigerte sie den Schulbesuch.

Ich fühlte, daß die Spannung weiter anstieg. Das Reden über die gute bzw. schlechte Schule überzeugte mich nicht, obwohl ich die Sorgen der Mutter, wenn sie berechtigt waren, verstehen konnte. Ich merkte, wie ich in meiner Sympathie für Inga und der Mutter hin- und herschwankte.

Herr SD stellte Ingas Verhalten als Erpressung hin, aber gleichzeitig sprach er jugendlich-kumpelhaft, als würde das reichen, Inga oder die Mutter umzustimmen.

Ich fühlte Ungeduld und Ärger in mir hochkommen. Ich kriegte Herzklopfen. Wie konnte über diese Äußerlichkeiten „verhackstückt" werden, ohne daß irgendwelche Befindlichkeiten, die dazu geführt hatten, angesprochen wurden? Plötzlich brach ich aus meiner beobachtenden Rolle aus, wandte mich an Inga, sie möge doch 'mal erzählen, wie es in der einen oder der anderen Schule gewesen sei. Sofort schaltete sich Herr SD ein, *er* betreue die Familie seit drei Jahren. Ich dachte, warum soll Inga nicht reden?

Stattdessen wurde referiert: Ingas leibliche Eltern seien geschieden. Es gäbe Sorgerechtsfragen. Kurze Zeit sei Inga in einem Heim gewesen, dann wollte sie zu ihrem Vater in einer anderen Stadt, seit Februar sei sie bei der Mutter, wolle auch hier sein, komme aber nicht zurecht, vor allem nicht leistungsmäßig in der Schule. Die Mutter ergänzte, sie werde von Inga ständig über den Tisch gezogen, von dem älteren Sohn auch, der ginge nun zur Schule Z., sei dort ordentlicher geworden, das sollte Inga nun auch werden, und der Bruder solle auf Inga aufpassen. Aber keiner täte, was sie sage. Stattdessen kämen „dauernd" Leute ins Haus, und die Kinder kriegten, was sie wollten.

Herr SD meinte, wir sollten nichts vertiefen, es müßte heute aber eine verbindliche Absprache geschehen. Und ich dachte, was soll dieser „Zirkus", jegliche Absprachen wirken hier doch nur wie Beschwichtigung. Was soll denn nun verschwiegen werden, warum darf Inga nicht erzählen, *wie es in der Schule war*?

Ich wagte einen Sprung nach vorne und fragte Inga jetzt, wie es denn aus ihrer Sicht weitergehen könnte, damit ihre Mutter sie in die Schule ihrer Wahl, in die Schule Y., gehen ließe. Es kam nichts. Herr SD machte Vorschläge: zur Schule gehen, aufpassen, Hausaufgaben machen, nicht wegbleiben. Inga grinste vor sich hin. Dann leierte sie zurück, was ihr in den Mund gelegt wurde. Plötzlich merkte ich, daß es um diesen Kompromiß „Schule“ gar nicht ging. Ich fühlte mich verschaukelt und rastete aus, indem ich zu Inga ziemlich nachdrücklich sagte, daß ich ihr das alles nicht abnehme, daß wir nicht dazu da wären, sie anzubetteln, doch bitte lieb zu sein, sondern daß es Verbindlichkeiten gäbe, die sie in diesem Fall nur zusammen mit den Erwachsenen hinterfragen könne: Schulpflicht, Aufenthaltsort, Verabredungen einhalten. Unter diesen Bedingungen „würde ich nicht ihre Mutter sein wollen“.

Ich erschrak, ich hatte die Rolle der schimpfenden Mutter an mich gezogen und sagte sogar: „Ich will Dich nicht.“ Aber gleichzeitig fühlte ich mich im Recht und etwas von dem lastenden Druck im Raum befreit. Ich übernahm also den Part der Mutter und sprach aus, was sie nicht sagen konnte, aber vielleicht empfand. Während ich noch sprach, wurde die Mutter lebendig, sie nickte wiederholend, daß es genau so sei. Die beiden Männer nickten auch.

Statt daß ich mich nun beruhigte, hätte ich fast explodieren können. Traute sich hier keiner zu sagen, was Sache ist? Allmählich holte ich mich ein und überlegte, wie mochte wohl die Mutter mit Inga sprechen? So wie ich: Ich will dich nicht? Das würde sie wohl nicht sagen, aber spürbar machen, falls sie ständig Wut herunterschlucken müßte, von der gerade in mir etwas hochgekocht war.

Dann wurde auf Inga eingeredet, wie leicht sie in die Prostitution und Kriminalität abgleiten könnte, darüber möge sie doch nachdenken. Ich dachte, wenn ich Inga wäre, könnten die sich bei mir „totsabbeln“. Nun kam also doch zur Sprache, worüber nicht gesprochen werden sollte. Ich denke an den verschwiegenen und angeblichen Mißbrauch und in diesem Zusammenhang an meine Grenzüberschreitungen. Allein konnte Inga so etwas nicht ansprechen.

Sie wurde etwas offener und sagte, es habe in der Schule Z. Prügeleien gegeben, und in der Schule Y. würde man sie beschützen. Das wollte ich nun etwas genauer hören: Dort in Z. hatte sie eine Freundin in der sechsten Klasse gehabt, Inga besuchte also noch die Orientierungsstufe, obwohl sie in einem Monat schon vierzehn wurde. Diese Freundin hätte gesagt, ihre Mutter würde mit allen möglichen „herumficken“. Daraufhin habe Inga mit Fäusten auf sie eingeschlagen. Die andere hatte daraufhin eine aufgeschlagene Lippe und sei seitdem nicht mehr zur Schule gekommen. Darum kümmere sich aber niemand! Sie aber müsse zur Schule! Ich sagte, sie hätte sich doch nun Achtung verschafft, warum sie denn nun auch nicht mehr hinginge? Die Mutter: Es sei ein Gespräch beim Direktor angesetzt gewesen, und deshalb sei Inga nicht mehr hingegangen. Ich: Was hast Du befürchtet? Inga: Die fragen immer so viel. Die Mutter gestikulierte, daß sie Ingas Wegbleiben richtig fand. Ich: Und Du konntest mit niemandem darüber sprechen? Inga: Ja, außer in der Schule Y., dort seien die älteren Mädchen. Inzwischen liefen Inga die Tränen übers Gesicht. Es wurde still im Zimmer.

Es war nun doch zu der schmerzhaften Berührung gekommen, die eigentlich vermieden werden sollte. Mir war nicht klar, ob es um einen Mißbrauch oder um die innere Berührung von Mutter und Tochter oder um beides ging.

Der eine Berater fragte leise den anderen, ob Inga bei der „Adresse" gewesen sei, dieser schaltete nicht, aber die Mutter sagte es schließlich laut, „vergewaltigte Frauen". Dann richteten sich die Blicke auf die Mutter, die alles Mögliche sagte, warum es nicht geklappt hätte, und ich hatte wieder den Eindruck, sie wollte es so. Aber das Thema ging doch Inga und die Mutter an? Mußten sich nicht beide damit auseinandersetzen, wie die Männer in der Familie aufzuteilen sind? Konnte sich die Mutter nicht eindeutig und durchsetzend verhalten? Scheinbar gelang das nicht.

Dann sagte ich, nun sei Inga ja besser zu verstehen, warum sie nicht zur Schule wolle. Die Mutter: Sie verstünde nicht, was ich meine. Der eine Berater: Na, daß Inga jetzt hier weinen muß. Rührt Sie das nicht? Die Mutter zeigte keine Regung, sie sagte nur, sie kenne ihre Tochter. Ich dachte: Hält sie vielleicht Inga für die Schuldige bei dem Stiefvater? Die junge hübsche Tochter und sie selbst verhärmt und abgekämpft allein mit vier Kindern? Noch ältere Kinder sollten schon außer Haus gewesen sein. Die Mutter: Ich werde mich um nichts mehr kümmern, *Inga kann machen, was sie will.* Das kam so glatt und kalt heraus, daß ich dieses Zugeständnis gleichzeitig als Absage an eine innere Verständigung mit Inga erlebte. Dann würde sich Inga nachts weiter herumtreiben. Jetzt wurde es auf eine andere Weise prekär, die Schulfrage war die geringere.

Da Termine drängten, wurde ein zweiter Termin für die folgende Woche verabredet. Der Berater der Schulbehörde sagte später zu mir, eigentlich verstünde er das alles nicht, denn es sollte auch über eine anderweitige Unterbringung gesprochen werden, und heute seien sie überhaupt nicht weiter gekommen. Hierüber war ich anderer Meinung. Ich glaubte, Inga etwas verstanden zu haben. Auch fühlte ich mich für den Rest des Tages nicht so sehr mit „Lasten bepackt" wie an vielen anderen Tagen mit Hausbesuchen.

An dem nächsten vereinbarten Termin war Inga in der Wohnung, aber sie paßte auf die beiden jüngeren Geschwister auf. Die Mutter war an diesem Tag ruhig und gesprächig. Ich staunte, wie humorvoll und trotzdem konsequent die Mutter dafür sorgte, daß die Kleinen bei Inga in der Küche blieben. Diese hatten so strahlende Augen, daß ich dachte, diese Frau mag ihre Kinder, aber warum ist es mit Inga so schwierig? Habe ich das letzte Mal alles verzerrt erlebt?

Als erstes erfuhren wir, daß Herr SD wegen eines anderen Termins verhindert sei. Wir waren nicht unterrichtet worden. Dann sagt die Mutter unvermittelt, daß sie sich von Inga habe überzeugen lassen, daß sie zur Schule Y. gehen dürfe. Sie sehe ein, daß Inga jemanden brauche, dem sie sich anvertrauen könne, denn sie würde der Mutter nie alles sagen. An diesem Tag klangen ihre Worte für mich nicht nach Absage, eher wie eine Übereinkunft. Trotzdem war ich besorgt, denn der verschwiegene Konflikt war ja nicht gelöst. Außerdem dachte ich an die älteren Mädchen, die Inga nicht nur verstehen, sondern auch verleiten, nicht nach Hause zu gehen. Aber Inga und die Mutter hatten wieder miteinander gesprochen.

Wie ging es weiter? Auf keinen Fall wollte die Mutter, daß jemand in die Familie hineinredete. Inga sollte irgendwohin gehen, wo sie Vertrauen und Unterstützung finden könnte. Es wurde sich auf den Kinder- und Jugendpsychiatrischen Dienst geeinigt. Inga wurde wieder in der gewünschten und nun erlaubten Schule angemeldet. Bis zu den Sommerferien, noch einen Monat, ging sie nur sporadisch hin. Es war sehr schwierig. Der Berater vom Dienst für Schulvermeidung versuchte, sich auf dem Schulhof mit ihr dahingehend zu unterhalten, daß sie sich von ihrer Mutter unabhängig machen, aber für sich sorgen müßte, eventuell auch in ein Jugendwohnheim ziehen sollte. Die Scheidung der Mutter spitzte sich zu, es kam unentwegt zu heftigen Auseinandersetzungen. Nach den Ferien im neuen Schuljahr begann nach Aussage des Beraters alles „hervorragend" zu laufen. Inga wurde in eine Kleingruppe versetzt, verstand sich mit der neuen Lehrerin, aber insbesondere mit dem Schulleiter, der inzwischen über Ingas besondere Situation verständigt worden war.

Ich möchte dieses Beispiel nun näher betrachten: Die Prügelszene in der Schule war nicht der einzige Grund für Inga, zu Hause zu bleiben. Aufgrund der inhaltlichen Berührung zwischen Beschimpfung und latentem Konflikt mit der Mutter erhielt die Schulszene eine auslösende und an den eigentlichen Konflikt rührende Funktion. Es kam zum Kippen. Insofern hatte die Schulvermeidung in dieser Form auch eine *Alibifunktion*, was gefühlsmäßig dem Eindruck aus meinem eigenen Unterricht entspricht, daß mit der plötzlichen Verweigerung „etwas anderes" gemeint sein konnte.

Dieses „andere" verbarg sich hier familiendynamisch in der *Beziehungskrise* zwischen Mutter und Tochter, die jedoch aktuell als Machtkampf um den Ort der Schule entbrannte.

Nach meinem Empfinden wurden uns beim Hausbesuch die Plätze nicht angeboten, sondern ebenfalls zugewiesen. Ich versuchte für mich, einen mir angenehmeren Platz zu bekommen. Vielleicht drückte sich hierin auch nur Ingas Wunsch aus, ihre Position zu verbessern oder überhaupt einen geeigneten Platz zu finden. Es war spürbar, daß sich die Mutter für Inga verantwortlich fühlte, gleichzeitig war sie aber der Situation nicht gewachsen *(Entwicklungsdynamik der Adoleszenz)*. Das Familienklima schien latent sexualisiert zu sein (Mißbrauch?, sexuelle Phantasien über Vater und Stiefvater, Bilder und Dekoration auf den Tapeten, die ich in diesem Fall-Ausschnitt ausgelassen habe, Prügelei in der Schule, ebenso zwischen der Mutter und dem zweiten Ehemann).

In einem solchen Klima gediehen nur schwer die Einigungsprozesse zwischen Inga und ihrer Mutter über ein für beide zuträgliches Maß von Unabhängigkeit und Versorgung. Inga fing an zu weinen, und es herrschte betroffene Stille, als Ingas Verletztheit spürbar wurde. Wäre Inga wirklich so „verdorben", wie es die Mutter andeutete, hätten die Integrations- und Vermittlungsversuche mit dem erneuten Schulbesuch eigentlich fehlschlagen müssen.

Es war auch hier zu sehen, wie leicht die Familiendynamik nach außen verlagert werden kann *(Delegationsprinzip)*. Die Mutter wehrt sich zwar gegen die Einmischung von außen, aber Inga soll sich doch außerhalb der Familie Hilfe holen (Schule, Beratungsstelle). Dies ist verständlich, denn in dem Machtkampf um die geeignete Schule *(Abwehr- und Schutzfunktion)* konnte die schmerzhafte Berührung zwischen Mutter und Inga vermieden werden. Die Mutter wußte, daß mit der Prügelszene in der Schule beide gemeint waren, sie versuchte sich durch abweisendes Verhalten im Gespräch mit uns zu schützen. Auch dem Gespräch in der Schule wurde ausgewichen und der Weg zu der „Adresse" wurde auch nicht gefunden.

Während des Hausbesuches verhielt sich Inga zunächst so, als ginge sie das alles nichts an. Erst als ich einerseits ungeschickterweise *aggressiv* aus der Rolle fiel, aber andererseits etwas ansprach, was vielleicht aufgrund vieler vorangegangener Auseinandersetzungen latent im Raume stand, die Ablehnung der Tochter, Inga vielleicht nicht halten zu wollen oder zu können, wurde es möglich, sich der *Kernszene in der Schule* zu nähern. Da ich kurzfristig den schlechten Part übernahm, der Mutter recht gab und nicht nur etwas von ihr wollte, konnte sie sich etwas verändern und bis zum nächsten Gesprächstermin Inga entgegenkommen. Aus allem sprach ihre Überforderung und Hilfsbedürftigkeit. In Rückblick gesehen vermute ich, daß sich die Krisen mit ihren jüngeren Kindern wiederholen werden, denn sie wird sich kaum in eine therapeutische Beziehung einlassen („immer kommen Leute ins Haus“). An Inga war wie bei anderen Wegläufern zu beobachten: Kommt es mit der Schulvermeidung nicht zu einer Veränderung in der familiären Verständigung, laufen die Kinder und Jugendlichen von zu Hause weg.

Die unbewußten Aktionen der Schüler

In welcher Weise wird nun der Verstoß gegen die Schulpflicht, gegen das Gesetz, zu einem Mittel der Wahl der *Selbstfindung*, mit der individuellen Situation fertig zu werden?

Durch den Verstoß gegen die Schulpflicht *werden die Eltern vor der Wut des Kindes geschützt*. Gleichzeitig *werden die Eltern — wie auch vormals das Kind durch die Eltern — in ihrem Selbst getroffen*, da dem Schulbesuch die zentrale Sozialisierungsfunktion zukommt[57]. Denn das mit der Vermeidung einhergehende schulische Versagen ist nicht nur für den Schüler besonders selbstquälend und selbstschädigend, auch die Eltern sind davon in ihrem Selbst, in ihren Ansprüchen und Hoffnungen für die Entwicklung ihres Kindes getroffen. Dies wäre die eine Seite der Medaille.

Die andere Seite wäre, daß sich der Verdacht aufdrängt, Eltern würden auf das Kind oder den Jugendlichen nur in seiner Rolle als Schüler aufmerksam, was auch wiederum einer Delegation des familiären Problems an die Institution gleichkäme. Die Chance des Kindes ist aber auch, daß es sich zur Artikulation seines Konfliktes einer Norm, der Schulpflicht, bedient, der auch die Eltern per Schulgesetz unterworfen sind; d.h. *es kommt durch die Schulvermeidung zu einer Konfrontation aller Beteiligten auf indirektem Wege*. Die Konfrontation mit der „Norm“ wirkt wie die Suche nach einem „Ersatz-Vater“ auf einer anderen Ebene.

Was phänomenologisch gesehen wie ein Angriff auf die Schule aussieht oder wie eine Verschiebung — statt der Familie wird vorzeitig die Schule

[57] Lempp, R. (1991); Richter, H.E. (1962).

verlassen —, enthält eine doppelte appellative Funktion: Der Schüler startet einen Hilferuf, nicht privat, sondern vor den Augen der Öffentlichkeit. Jetzt muß sich zeigen, inwieweit die Schule Abhilfe leistet, oder etwa auch die Vermeidung fördert, was nicht in ihrem Sinne sein kann.

Schulvermeidern und Wegläufern fällt es sehr schwer, im psychischen Sinne integrative Leistungen zu vollbringen. Leider zeigte schon die semantische Interpretation der Worte für das Fernbleiben von der Schule — Schwänzen, truancy, playing hooky from school, aller à l'école buissonnière —, daß etwas Lustvolles/Triebhaftes, da es nicht integriert ist, deshalb ausagiert, aber von der Gesellschaft auch noch sanktioniert werden muß. Der Vorgang der *Desintegration*, die Leugnung anderer „Bedeutungsschichten“ (Ogden), scheint „in der Luft zu liegen“, als gäbe es angesichts schulischer Strukturen tatsächlich *nur flüchtige integrative Bindungskräfte*.

Der Ambivalenzkonflikt des Kindes, der Wunsch nach Geborgenheit mit gleichzeitig allerdings selbstquälender und die Familie quälender Selbstbehauptung, zeigt sich extrem bei den zu Hause verbleibenden Vermeidern. Selbst diejenigen, die zu Hause am Vormittag weiterlernen, unterscheiden sich wenig von denen, die vielleicht ihren Hobbys nachgehen oder nichts tun. Denn *sie „verführen“ Lehrer und Mitschüler*, die für das Überbringen der Schulaufgaben sorgen, *die Vermeidung mitzuagieren*. Was zunächst im schulischen Interesse zu liegen scheint, wendet sich auf die Dauer ins Gegenteil.

Die Wegläufer scheinen in ihrem Weggehen von zu Hause — verglichen mit den Vermeidern — unabhängig und selbständig zu sein. *Dieses autonome Agieren ist aber ebenso wenig konstruktiv wie das der Vermeidung*, es hat sich lediglich sichtbar und appellativ in motorische Bewegung umgesetzt. Denn würde niemand den Wegläufern nachgehen, schlüge deren Befindlichkeit ebenfalls in totale Einsamkeit um. Daß sie unterwegs häufig durch Delikte auffallen, ist der Ausdruck dafür, daß sie für sich allein noch nicht sozial lebensfähig sind und gleichzeitig der Beweis für ihre *Suche nach Bindung* — und sei es beispielsweise durch Stehlen. Vermeider wie Wegläufer inszenieren etwas, so daß sie wahrgenommen werden müssen, aber sie bringen dies zunächst nur autoaggressiv bzw. sozial destruktiv zustande (Aichhorn).

Insofern ist — trotz aller möglichen Kritik an der Institution Schule — von Glück zu sprechen, daß es neben einer schützenswerten privaten Sphäre der Familie die schulische Öffentlichkeit gibt, die als *zweites soziales Feld* einen komplementären sozialen Raum darstellt, in dem sich die intrapsychische Situation des einzelnen Schülers wie in der Übertragung darstellt und eine entsprechende unbewußte Dynamik in Szene setzt. Aus diesem Grunde ist es seitens der Schule so schwer, dem „Zentrum des Sturms ins Auge zu blicken“: Sie selbst birgt *vermeidende wie auch förderliche Strukturen* für Kinder, Jugendliche und deren Familien.

Familie und Schule sind zwei Entwicklungsräume, die sich ähneln aber auch grundsätzlich unterscheiden. Es sind sozialisierende Instanzen, deren Mitglieder in einer dynamischen Beziehung zueinanderstehen und sich zugunsten der jungen Generation miteinander in einem jeweils offenen Dialog befinden sollten.

V. Hinweise für den Umgang mit Schulvermeidern und Wegläufern

Es folgt eine thesenartige Zusammenfassung der Ergebnisse dieser Arbeit. Sie ist gedacht als pragmatische Hilfestellung im Alltag für den Umgang mit Schulvermeidern und Wegläufern:

(1) Eltern von Schulvermeidern und Wegläufern fühlen sich *hilflos und machtlos*, ihre Kinder zum Schulbesuch zu bewegen.

(2) Beratung sollte sich auf die Stärkung und die *Entwicklung elterlicher Kompetenz* richten, statt zuerst oder allein auf das schulsäumige Kind.

(3) Die Verweigerung der Schüler ist ein vitaler — wenn auch pathologischer — Entwicklungsschritt.

(4) Der Schüler kann in den seltensten Fällen angeben, weshalb er nicht zur Schule gehen kann. Er wird von Angst oder einer konkreten Schwierigkeit sprechen, was (noch) nicht ausreicht, sein individuelles Verhalten zu verstehen.

(5) Es muß damit gerechnet werden, daß Hilfe nur solange angenommen wird, wie der Helfer mit dem Familiensystem identifiziert bleibt. Eingriffe und Veränderungen, die den eigentlichen familiären Konflikt berühren, werden Abwehr erzeugen. Die Verweigerung birgt ein *soziales Problem*, das zudem mit *Angst und leiblichem Kranksein* verbunden sein kann. Aus diesem Grund werden zuallererst der Haus- oder der Kinderarzt aufgesucht.

(6) Zur Rolle von schulischen Beratungsdiensten.
Die Beschwerde über die Fehlzeiten des Kindes oder Jugendlichen werden in Bremen an den Beratungsdienst für Schulvermeidung gerichtet. Also nicht der konkrete Lehrer geht diesem Problem nach, der im Laufe mehrerer Jahre den Schüler in seiner individuellen Persönlichkeit und nicht nur in seinem Leistungsverhalten kennt. Obwohl ein persönlich verstehender Kontakt zu dem Schüler wünschenswert wäre, ist es doch fraglich, ob sich ein Lehrer in seinem Schulalltag mit der vehementen

Dynamik dieses Verhaltens *allein* auseinandersetzen kann. Ähnliches gilt für den Beratungsdienst.

Obwohl ich die nachgehende Betreuung dieser Mitarbeiter in vielen Fällen als erfolgreich vermittelnd zwischen Kind oder Jugendlichem, seiner Familie und den Lehrern und Schulleitern erlebt habe, muß dennoch gesehen werden, daß sie unabhängig von diesem Bemühen eine Vertretung der Schulinteressen und der Bildungsbehörde bleiben. Die Erfüllung der Schulpflicht steht im Vordergrund. Gegen diese behördliche Schulaufsicht als verlagerter Elterninstanz muß sich insbesondere der Jugendliche in seinem, wenn auch pathologischem Autonomieversuch wehren, so daß aus diesem Grunde nicht jeder Vermittlungsversuch den Schüler in die Schule zurückbringen kann. Obwohl die Mitarbeiter des Beratungsdienstes viele Gespräche führen, kann es deshalb bei der primären Sprachlosigkeit bleiben, wie sie in solchen Fällen zwischen Schülern, Lehrern und Eltern bestehen[58]. Vielmehr wiederholen sich in dieser möglichen Stummheit die Anfänge der Symptombildung aus den ersten Lebensjahren des Kindes.

Da meistens mehrere Beratungsstellen aufgesucht werden, ohne daß sich etwas verändert, kommt es auf *kurze Dienstwege* an. Da Schüler oftmals Hilfen benötigen, nicht nur weil sie den Schulbesuch verweigern, wären ggf. stadtteilbezogene Zentren geeignet, die nach dem Modell von Fallkonferenzen, aus einem multiprofessionellen Team (beispielsweise Psychologen, Ärzten, Lehrern, Sozialpädagogen, Mitarbeitern der Schulverwaltung) bestehen. Damit Vermeiden und Delegieren unterbrochen werden können, müßte in einem solchen Team sich jeweils *ein* Mitarbeiter für eine Familie und deren Kind oder Jugendlichen verantwortlich fühlen, während die übrigen Mitarbeiter beratende Funktionen ausüben.[59]

---

[58] Vielleicht kann eine solche Sprachlosigkeit auch unterbrochen werden durch ein anderes Beratungskonzept, indem Studierende der Psychologie am Ende ihres Studiums, als ausgebildete aber noch jugendliche Berater zur Verfügung stehen. Sie bilden eine Brücke zwischen Adoleszenz (Peergroup) und Erwachsenen. Vgl. hierzu: Werner, A.: Niederschwellige Beratung Jugendlicher in einem Schulzentrum. Das Beispiel eines Methodentransfers in der Angewandten Psychoanalyse. Unveröffentlichte Diplomarbeit. Bremen 1996. Reichel-Kaczenski, G.: Lernen durch erlebte Einsicht. Verbesserung der Lehre im Fach Psychologie durch die gezielte Verbindung von theoretischer Reflxion und praktisch-methodischer Kompetenz. Gießen 1997.

[59] Unter Berücksichtigung solcher Überlegungen ist beispielsweise die *Schülerhilfe* REBUS in Hamburg konzipiert. — In Wien wird unter der Leitung von Helmut Figdor versucht, ein psychoanalytisch-pädagogisches Beratungsnetz aufzubauen (Göppel, 1998).

(7) Die Bedürftigkeit des Schulvermeiders und Wegläufers, der Hunger nach verläßlichen Beziehungen, kollidiert oftmals mit dem Leistungsanspruch der Schule und dem Selbstanspruch des Schülers.

Inzwischen gibt es im Bundesgebiet verschiedene *Schulprojekte*[60] für sogenannte „Schulmüde" und „Schulverweigerer", in denen zeitlich begrenzt alternative Schulformen praktiziert werden, in denen sowohl die Defizite dieser Kinder und Jugendlichen berücksichtigt werden und eine angemessene Reintegration ins reguläre Schulleben mit anschließender beruflicher Ausbildung geplant ist.

Es handelt sich um *Übergangsprojekte*, in denen das Betreuen im Vordergrund steht, im gemeinsamen Essen, Zuhören, Sprechen, dem Gewöhnen an Beziehung und Bindung, dem Sättigen von „Gefühlshunger". Für den Erfolg ausschlaggebend ist auch die *Gruppengröße* von überwiegend nur acht Schülern, einem Rahmen, wo Schüler und Lehrer individuell aufeinander zugehen können. Es wird versucht, die familiären Defizite aufzufangen. Organisatorisch arbeiten Schule und Jugendhilfe zusammen mit dem Ziel einer „zweite Chance", der Reintegration ins reguläre Schulwesen und der Berufsfindung. Zugelassen werden Abweichungen vom regulären Schulwesen und veränderte Unterrichtsorganisationen.

---

[60] Beispielsweise das seit 1990 bestehende Berliner Modellprojekt *"Kreativität in die Schule" (KIDS)* in Berlin-Kreuzberg ["Berliner Modell: Künstler motivieren Schüler", Weser-Kurier vom 20.10.95].
Das Land *Niedersachsen* verfügt über verschiedene *Jugendwerkstätten* in Hannover, Lüneburg, Wolfsburg und Göttingen, Braunschweig, Oldenburg, Osnabrück und Salzgitter ["Eine Chance für Schulmüde", Weser-Kurier, 25.8.1992].
Die *"Schule des Lebens"* in Hennickendorf bei Berlin [„Letzte Chance für Schulschwänzer", Weser-Kurier vom 12.11.94].
Jugendwerkstätten in Ahaus, Dortmund, Essen, Gütersloh, Kleve, Köln für „Schulmüde" ["Wenn Kinder zu Schulverweigerern werden", Weser-Kurier vom 4.5.95].
"501 Arbeitsplätze für beschäftigungslose Jugendliche und Erwachsene nach eigener Wahl" in Berlin ["Raus aus der 'Vermaßnahmung' und raus aus der Szene", Frankfurter Rundschau vom 31.8.95].
Das *"Huckelrieder Schulverweigerinnen-Projekt"* in Bremen für sogenannte "Langzeit-Schwänzerinnen" ["Viel Verständnis für ehemalige Schwänzer", Weser-Kurier vom 13.5.1996].
Auf dem *"Schulschiff Deutschland"* in Bremen unter der Trägerschaft des Deutschen Roten Kreuzes werden männliche Jugendliche ins Schul- und Arbeitsleben reintegriert ["Schulschiff statt Schulgebäude", Weser-Kurier vom 16.10.96].
Das *"Rather Modell"* in Düsseldorf ["Wieder Lust am Lernen", Kurier am Sonntag, 30.8.1998].

Auch wäre eine *fünftägige Internatsschule* denkbar mit entwicklungspsychologisch bzw. psychodynamisch informierten Lehrern und Tutoren. Am Wochenende gingen die Schüler zurück in ihre Familien. Für Basiserfahrungen wie Trennung und Wiederannäherung, Nähe und Distanz bestünden günstige Rahmenbedingungen. Es böte sich auch die Chance, die soziale und psychische Isolierung zwischen Schülern, ihrer Umwelt, ihrer Lehrer und Familien in einem hierfür geschützten Rahmen aufzuheben.

(8) Die gute Beziehung zwischen Lehrer und Schüler, das haltende Arbeitsbündnis, ist sowohl in der regulären wie auch in der Klinikschule oder entsprechenden Einrichtungen nicht leicht (wieder)herzustellen. Zwischen beiden stehen die Erfahrungen, die das Kind oder den Jugendlichen mißachtet haben. Die negative Übertragung des Schülers auf den Lehrer veranlaßt das Kind im Zweifelsfall zur Familie zu halten, das „Böse" ist immer „außen". Auch hier wird die Verantwortung delegiert.

(9) Die Familie kann nicht so leicht verlassen werden wie die Schule, so daß der Lehrer, Arzt, Berater oder andere Helfer trotz ihres Engagements bei der Intervention zurückgewiesen werden können. Dies zu akzeptieren, ist nicht immer einfach, es besteht die Gefahr, die Vermeidung an dem Kind zu wiederholen.

(10) Die Vermeidung, das Weglaufen oder die Verweigerung sind nur dann zumindest vorübergehend aufzuhalten, *wenn der auslösende aktuelle schulische Konflikt des Schülers verstanden wird*, der meistens in enger Beziehung zu einer lebensgeschichtlich verborgenen Verletzung steht.

Der aktuelle Konflikt, der die totale schulische Verweigerung auslöst, sollte für Lehrer szenisch rekonstruierbar sein. Durch das Verstehen des aktuellen Konfliktes verändert sich die innere Haltung sowohl beim Lehrer, wie beim Schüler. Dabei kann es für beide Seiten zu einer schmerzlichen Konfrontation kommen. Kann der Lehrer diese aushalten, hat der Schüler die Möglichkeit, eine neue Erfahrung zu machen, wodurch Raum für weitere Entwicklung und den Schulbesuch möglich wird.

Im Rahmen der *regulären Schule* gerät der Lehrer angesichts der geballten Familienkonflikte und der phasenspezifischen Übertragungen und Gegenübertragungen im Unterricht schnell an persönliche Verstehens- und Leistungsgrenzen. Hilfreich ist zumindest ein Problembewußtsein sowohl für die spezielle Situation von Schulvermeidern und Wegläufern, aber auch für die latente Vermeidungsdynamik von Schule. Wird Eltern empfohlen, sensitiv und reflexiv für sich selbst und ihre Kinder zu werden, so kann Lehrern ebenfalls eine persönliche Selbsterfahrung, die Teilnahme an Balintgruppen für Lehrer oder eine psychoanalytisch-pädagogische Weiterbildung nahegelegt werden. Es kann *nicht* darum gehen, den *kompensatorischen Aufgabenkatalog von Lehrern* zu verlängern. Lehrer sind nicht die besseren Eltern, denn die Schule hat einen Unterrichts- und Bildungsauftrag, der aus der Familie ins Erwachsenwerden führt.

(11) Die *Bearbeitung des individuell entwicklungsspezifischen Konfliktes* gehört in einen psychotherapeutisch schützenden Rahmen für das Kind oder den Jugendlichen und die Eltern. Hier sind *ambulante Psychotherapeuten für Kinder- und Jugendliche, für Erwachsene, Elternpaare und Familien* gefragt.

Wäre hierfür bei den Betroffenen das Problembewußtsein ausreichend vorhanden, müßte nicht die *Klinik* den einzigen therapeutischen Rahmen bieten. Die lang erscheinende durchschnittliche stationäre Behandlungsdauer von drei bis vier Monaten steht zwar in keinem Verhältnis zu der vorangegangenen Leidenszeit von einigen Monaten bis zu mehreren Jahren. Mit der Aufnahme in die Klinik, der Trennung des Kindes von der Familie, werden beide Seiten in der akuten Situation häufig schnell entlastet.[61] Auch erweist sich die stationäre Behandlung als geeignet, die pathologischen Strukturen des Familiensystems nicht zu reproduzieren: Das Kind oder der Jugendliche erhalten im Sinne einer dritten Instanz „väterlichen Schutz", indem der Schüler aus der Familie herausgenommen, ihr aber auch wieder zugeführt wird.

Aber nur wenige Kinder und Jugendliche werden stationär behandelt. Die Dunkelziffer derjenigen, die als Schulverweigerer registriert werden, ist unvergleichlich immens. Die Klinik kann jedoch nicht das Mittel der Wahl für überforderte und hilflose Familien sein. Abgesehen von einem öffentlichen Appell an Eltern mit schulvermeidenden Kindern, könnte

---

[61] Kammerer/Mattejat (1981) haben ein auf drei Monate bemessenes stationäres Fünf-Punkteprogramm entwickelt: 1. Vorbereitung und Behandlungsvertrag; 2. Bearbeiten der Hintergrundproblematik (1-2 Monate); 3 Wiedereingliederung in die Schule (2-4 Wochen), ggf. auch Unterbringung in einem Internat oder Heim, (2-4 Wochen); 5 Ambulante Nachbetreuung.

auch behördlicherseits[62] überlegt werden, in welcher Weise Eltern die Notwendigkeit und der Sinn von *ambulanter psychotherapeutischer Hilfe* zu vermitteln ist. Hierzu bedarf es oftmals einer inneren Entwicklung. Alternativ und familientherapeutisch förderlich sind ebenfalls ambulante *Transferzentren für Angewandte Psychoanalyse*, beispielsweise an den Universitäten mit einem therapeutischen Angebot.

(12) Das Erkennen eines Vermeidungsverhaltens ist bereits der Anfang einer Intervention. Da die schulische Vermeidung nur die Spitze des Eisberges aller Entwicklungsdefizite darstellt, ist zu überlegen, ob außer der regulären kinderärztlichen Betreuung in den ersten sechs Lebensjahren nicht auch eine psychotherapeutische Beratung für die psychosoziale Entwicklung von Kindern für Eltern einzurichten wäre.

[62] Das Verhängen von Bußgeldern oder die Androhung von Gefängnisstrafen können zwar abschreckend wirken, aber ob sich auf diese Weise die elterliche Kompetenz nachhaltig stärken und verbessern wird, bleibt doch zweifelhaft.

LITERATUR

AANDERUD, C. (1995) : Die Gesellschaft verstößt ihre Kinder. München 1997.
ARENDT, H.: Die Krise in der Erziehung. Bremen 1958. Erwin Loewenson zum 70. Geburtstag.
AICHHORN, A. (1925): Verwahrloste Jugend. Bern, Stuttgart, Wien.1974.
ARGELANDER; H. (1970). Das Erstinterview in der Psychotherapie Darmstadt 1982.
ARGELANDER, H.: Textstruktur und Interpretation. In: Psyche. 36.Jg 1982. Heft 8 :700-725.
ARGELANDER, H.: Verbatim- und Gedächtnisprotokolle von Therapiestunden im Vergleich. In: Psyche. Jg.38. Heft 5: 385-419.
BALINT, M.: Die Urformen der Liebe und die Technik der Psychoanalyse. Stuttgart 1966.
BAUER, G.: Die Schulverweigerung - Manifest einer seelischen Krise. In: Erziehung und Unterricht. Jg.142. 1992: 165-169
BECK, U. (Hg.): Kinder der Freiheit. Edition Zweite Moderne. Frankfurt /M. 1997
BECK, U.: Demokratisierung der Familie. In: BECK, U. (Hg.): Kinder der Freiheit. Edition Zweite Moderne. Frankfurt /M 1997.
BECK, U., BECK-GERNSHEIM, E. (Hg): Riskante Freiheiten Frankfurt /M. 1994
BENOIT, D. & PARKER, K.H.C. (1994) Stability and transmission of attachment across three generations. Child Development, 65: 1444-1456
BERNDT, J., BUSCH, D.H., SCHÖNWÄLDER, H.-G.: Schul-Arbeit. Belastung und Beanspruchung von Schülern. Braunschweig 1982.
BERNFELD, S.: Sysiphos oder die Grenzen der Erziehung. Leipzig. Wien, Zürich ²1928. Frankfurt /M. 1967.
BERNFELD, S.: Antiautoritäre Erziehung und Psychoanalyse. Ausgewählte Schriften Bd.1. Frankfurt /M. 1969.
BILLER, K.: Schulisches Unbehagen und Erziehung. Ein Beitrag zur Entwicklung einer Schulpathologie. 1988.
BITTNER, G., REHM, W. (Hg)· Psychoanalyse und Erziehung. Bern, Stuttgart 1964.
BLAGG, N.. School Phobia and its Treatment Croom Helm Ltd 1987
BLOS, P. (1962)· Adoelseszenz. Eine psychoanalytische Interpretation Stuttgart 1992.
BLY, R. (1996): Die kindliche Gesellschaft. Über die Weigerung erwachsen zu werden. München 1997.
BOHSE-WAGNER, N.: Evaluation einer pädagogischen Intervention zum Abbau von Schulangst. Entstehung, Umsetzung und Wirksamkeitskontrolle eines Kurses „Lern- und Arbeitstechniken“ für Schüler Frankfurt /M 1988.
BOWLBY, J.(1980): Verlust, Trauer und Depression. Frankfurt /M. 1983.
BRATER, M.: Schule und Ausbildung im Zeichen der Individualisierung. In: BECK, U. (Hg.): Kinder der Freiheit Edition Zweite Moderne. Frankfurt /M
BROCKHAUS-ENZYKLOPÄDIE. Bd. 19. 19 Auflage. 1992.
BRUNS, G.: Die Fähigkeit zum Abschied. Frühkindliche Separation als Modell der Überwindung von Trauer, Depression und Psychose. Jahrbuch der Psychoanalyse. Bd. 28. 1991· 75-101.

BÜTTNER, C. (Hg): Psychoanalyse und schulische Konflikte. 1991.
CLYNE, B.M. (1966): Schulkrank? Schulverweigern als Folge psychischer Störungen. Stuttgart. 1969.
DATLER, W. (Hg): Verhaltensauffälligkeiten in der Schule. Konsequenzen von Schulversuchen für die Pädagogik der „Verhaltensgestörten“. Frankfurt /M. 1987.
DELLISCH, H.: Krankmachende Angst in der Familie. In: Praxis der Kinderpsychologie und Kinderpsychiatrie. 40: 128-133 (1991).
DEVEREUX, G. (1967): Angst und Methode in den Verhaltenswissenschaften. Frankfurt /M. 1988.
DILTHEY, W. a(1894): Ideen über eine beschreibende und zergliedernde Psychologie. In: Die geistige Welt. 1. Hälfte. Einleitung in die Philosophie des Lebens. Ges. Schriften. Bd.5. Stuttgart 1957.
DOERNER, K. (1969): Bürger und Irre. Frankfurt /M. 1984.
DORNES, M.: Die frühe Kindheit. Frankfurt /M. 1997.
DUDEN (1973)
EGGERS, LEMPP, NISSEN, STRUNK (Hg.): Kinder- und Jugendpsychiatrie. Berlin. Heidelberg. New York.1994.
EISSLER, K. R.: Bemerkungen zur Technik der psychoanalytischen Behandlung Pubertierender nebst einiger Überlegungen zum Problem der Perversion. In: Psyche. 1966. Band 20. Heft 10/11: 834-872.
ERDÉLY, E. Z.: Wie sag ich's meiner Mutter? Das enteignete Selbst. Frankfurt /M. 1991.
ERDHEIM, M. (1984) : Die gesellschaftliche Produktion von Unbewußtheit. Frankfurt /M. 1990.
ERDHEIM, M.: Adoleszentenkrise und institutionelle Systeme. Kulturtheoretische Überlegungen. In: Ethnopsychoanalyse 5. Jugend und Kulturwandel. Frankfurt /M. 1998.
FISCHER, W.: Schule als parapädagogische Organisation. 1978.
FOITZIK, N.: Schulvermeidendes Verhalten. Unveröffentlichtes Manuskript. Bremen 1991.
FREUD, A. (1935): Psychoanalyse für Pädagogen. Bern, Stuttgart, Wien. 1971.
FREUD, A. (1936): Das Ich und die Abwehrmechanismen. Frankfur /M. 1991.
FREUD, A. (1965): Wege und Irrwege in der Kinderentwicklung. Stuttgart 1991.
FREUD, S. (1914b): Zur Psychologie des Gymnasiasten. GW X: 204-207.
FREUD, S. (1930): Das Unbehagen in der Kultur. GW XIV.
FRIER, I.: Objektbeziehungen im literarischen Prozeß. Ein psychoanalytischer Beitrag zu Literatur und Kreativität. In: Jahrbuch der Psychoanalyse. 1989. Band 24: 214-245.
FÜRSTENAU, P. (1964b): Zur Psychoanalyse der Schule als Institution. In: Das Argument. 29: 65-78.
FÜRSTENAU, P.: Soziologie der Kindheit. Heidelberg 1973.
FÜRSTENAU, P. (Hg): Der psychoanalytische Beitrag zur Erziehungswissenschaft. Darmstadt 1974.
GALLOWAY, D.: Schools and persistent absentees. Pergamon Press. 1985.
GANTHER-BÜHRER, G.: Wenn Kinder nein zur Schule sagen. Zürich 1991.

GÖPPEL, R.: Eltern Kinder und Konflikte. Stuttgart, Berlin 1998
GREENACRE, P (1957): The childhood of the artist: libidinal phase development and giftedness. Psychoanalitic Study Child, 12. :27-72.
HANDBUCH des BREMISCHEN SCHULRECHTS. 8. Ausgabe. 1993: Arbeitshilfen zum Vorgehen bei Schulvemeidungsverhalten.
HARTMANN, MILCH, KUTTER, PAÁL (HG.): Das Selbst im Lebenszyklus. Frankfurt /M. 1998.
HEIMANN, P. (1957)· Zur Dynamik der Übertragungsinterpretationen. Psyche. Jg.11: 401-415.
HEIMANN, P. (1964): Bemerkungen zur Gegenübertragung. Psyche. Jg.18: 483-493.
HEIMRATH, J.(Hg). Die Entfesselung der Kreativität Das Menschenrecht auf Schulvermeidung. Wolfratshausen 1988.
HEIMRATH, J.: Tilmann geht nicht zur Schule Eine erfolgreiche Schulverweigerung — vollständige Dokumentation Wolfratshausen 1991.
HENSGE, K.: Schule verweigert — Ausbildung bestanden. In: Berufsbildung in Wissenschaft und Praxis. Jg.19,1. 1990: 2-5.
HENTIG, H.v. (1993): Die Schule neu denken. München, Wien 1994.
HESS, T.: Paradoxe Intervention in systemischer Familientherapie. In: Familiendynamik, 1980, (5)1: 57-72.
HILDESCHMIDT, A. [Mitarb.]: Unregelmäßiger Schulbesuch Weinheim, Basel 1979.
ILLICH, I.: Entschulung der Gesellschaft. 1980.
INTERNATIONALE KLASSIFIKATION der KRANKHEITEN (ICD). 9. Revision Bd.1, Teil A. Zweite Auflage. Stand 1.1.1993: 217-256
JACOBSON, E. (1964): Das Selbst und die Welt der Objekte. Frankfurt /M. 1988.
JORASCHKY,P Psychodynamische Therapie der Sozialphobie. In: (Hg.) Katschnig, Denal, Winhuber. Wenn Schüchternheit zur Krankheit wird. Wien 1998.
JÜNGER, W.: Schulunslust. Messung, Genese, Intervention. Frankfurt /M. 1988.
JÜTTEMANN, G. (Hg): Komparative Kasuistik. Heidelberg 1990.
KÄCHELE, H.: Zur Bedeutung der Krankengeschichte in der psychoanalytischen Forschung. In: Jahrbuch der Psychoanalyse. Band 12. 118-177.
KAHN, J. H., NURSTEN J. P.: Unwillingly to school. Pergamon Press. 1968 First Edition 1964.
KAMMERER, E., MATTEJAT, F.· Katamnestische Unbtersuchung zur stationären Therapie schwerer Schulphobien. In. Zf. f. Kinder- und Jugendpsychaitrie. 1981. Jg.9: 273-287.
KATSCHNIG, DENAL, WINHABER (Hg): Wenn Schüchternheit zur Krankheit wird. Über Formen, Entstehung und Behandlung der Sozialphobie. Wien 1998.
KEY, E. (1900): Das Jahrhundert des Kindes. Königstein/Ts. 1978.
KEMPER. W.: Übertragung und Gegenübertragung als funktionale Einheit. In: Jahrbuch der Psychoanalyse. Band 6: 35-68.
KERNBERG, O.F.: Wut und Haß. Stuttgart 1997.
KOHUT, H. (1966): Formen und Umformungen des Narzißmus. In: Psyche. Jg 20. 561-587.
KOHUT, H. (1971): Narzißmus. Frankfurt /M. 1976
KOHUT, H (1973): Überlegungen zum Narzißmus und zu narzißtischer Wut. Jg 27: 513-544.

KOHUT, H (1977): Die Heilung des Selbst. Frankfurt /M. 1977
KRECH & CRUTCHFIELD u a · Grundlagen der Psychologie 4. Kognitionspsychologie. Weinheim und Basel 1985
LAMNECK, S.: Qualitative Sozialforschung. Bd.1, 2. München, Weinheim 1988, 1989.
LANGE, B.(Hg): Schulangst und Schulverdrossenheit. Eine Längsschnittanalyse von schulischen Sozialisationseffekten. Opladen 1983.
LAPLANCHE, J./ PONTALIS, J.-B. (1967): Das Vokabular der Psychoanalyse 2 Bände. Frankfurt /M. 1973.
LEBER, A · Rückzug oder Rache. Überlegungen zu unterschiedlichen milieuabhängigen Folgen früher Kränkung und Wut In· Jahrbuch der Psychoanalyse Band 9: 123-137.
LEITHÄUSER,Th., VOLMERG, B.: Psychoanalyse in der Sozialforschung Opladen 1988.
LEMPP, R:: Schulangst und Schülerängste In: Hg. Lempp, Schiefele: Ärzte sehen die Schule. Weinheim und Basel 1987.
LEMPP, R.: Die Belastung der Familie durch die Schule. In: Pädagogik. 7-8/91· 25-27.
LEUPOLDT-LÖWENTHAL, H (1984) Zur Geschichte der „Frage der Laienanalyse". Psyche. Jg.38: 97-120.
LÉVI-STRAUSS, C. (1955): Traurige Tropen. Köln 1960.
LEXERS MITTELHOCHDEUTSCHES TASCHENWÖRTERBUCH. Stuttgart 1961.
LOCH, W.: Wie verstehen wir Fühlen, Denken und Verstehen? In Jahrbuch der Psychoanalyse. 1994. Band 32: 9-39.
LORENZER, A: Kritik des psychoanalytischen Symbolbegriffs. Frankfurt /M. (1970a).
LORENZER, A (1970b): Sprachzerstörung und Rekonstruktion Frankfurt /M 1995
LORENZER, A (1970f): Symbol, Sprachverwirrung und Verstehen Psyche. 24.Jg.· 895-920
LORENZER, A.: Zur Begründung einer materialistischen Sozialisationstheorie. Frankfurt /M. (1972b).
LORENZER, A.: Die Wahrheit der psychoanalytischen Erkenntnis. Ein historisch-materialistischer Entwurf. Frankfurt /M (1974a).
LORENZER, A: Sprachspiel und Intraktionsformen. Frankfurt /M. (1977a).
LORENZER, A.: Der Gegenstand psychoanalytischer Textinterpretation In: S. Goeppert (Hg.): Perspektiven psychoanalytischer Kulturkritik. Freiburg· 71-81
LORENZER, A. (1982): Sprache, Lebenspraxis und szenisches Verstehen in der psychoanalytischen Therapie. In· Psyche 1983: 97-115.
LORENZER, A: Das Ende einer Illusion Von der Ereignisdiagnose zur Erlebnisdiagnose. In: Intimität und soziales Leid. Archäologie und Psychoanalyse. Frankfurt /M. 1984. 199-214.
LORENZER, A.(1986): „... gab mir ein Gott zu sagen, was ich leide." Emanzipation und Methode. In. Psyche. Jg.40: 1051-1062.
LORENZER, A. (1986): Kulturanalysen. Frankfurt /M. 1988.
LOTZGESELLE, M.: Schulphobisches Verhalten — Entstehungsbedingungen und Verläufe. Prax. Kinderpsychol. Kinderpsychiat. 39: 18-25 (1990).

MAHLER, M.S., Pine, F., Bergman A. (1975). Die psychische Geburt des Menschen Frankfurt /M. 1980.
MAREN-GRISEBACH, M (1970): Methoden der Literaturwissenschaft. Tübingen 1992.
MATTEJAT, F.· Schulphobie. Klinik und Therapie. In: Praxis der Kinderpsychiatrie und Kinderpsychologie. 1981 Jg. 30, 8.: 292-298.
MAYRING, P.· Qualitative Inhaltsanalyse. Weinheim 1988.
MERTENS, W.: Psychoanalytische Grundbegriffe. Weinheim 1998.
MERTENS, W. (Hg.): Schlüsselbegriffe der Psychoanalyse. Stuttgart 1997.
MENTZOS, S.(1976): Interpersonale und institutionelle Abwehr. Frankfurt /M.1977.
MENTZOS, S.: Neurotische Konfliktverarbeitung. München 1982.
MENTZOS, S.: Psychodynamische Modelle in der Psychiatrie. Göttingen 1991.
MITSCHERLICH, A. (1973): Auf dem Weg zur vaterlosen Gesellschaft. München 1996.
MUCK, M.: Psychoanalyse und Schule. In: Psychoanalyse und schulische Konflikte. Mainz 1993
MÜLLER, B.: Gesellschaftliche und soziale Bedingungen: Die Bedeutung des „sozialen Ortes" für die Psychoanalytische Pädagogik. In. Muck/Trescher· Grundlagen der Psychoananlytischen Pädagogik. Mainz 1993
MÜLLER, S.: Schulschwänzen als Problemlösungsstrategie. Berlin 1990. Diss.
MUSFELD, T.: Im Schatten der Weiblichkeit. Über die Fesselung weiblicher Kraft und Potenz durch das Tabu der Aggression. Tübingen 1997.
NAVE-HERZ, R.: Familie heute. Wandel der Familien-Strukturen und Folgen für die Erziehung. Darmstadt 1994.
NISSEN, SPECHT (Hg.:): Psychische Gesundheit und Schule. Darmstadt 1976.
NOVOTNY, E.: Schulklima — Gibt es Unterschiede zwischen Schulen mit häufigen und Schulen mit seltenen Schüler-Absenzen? In: Erziehung und Unterricht. Jg.138 571-579.
OGDEN, Th.: Über den potentiellen Raum On potential space. In: Forum der Psychoanalyse. Bd.13. Heft 1. März 1997: 1-18.
PIAGET, J.: Gesammelte Werke. Band 4. Stuttgart 1989.
PIAGET, J., INHELDER, B.: Die Psychologie des Kindes. Frankfurt /M. 1977. Zitiert nach (Hg) Hartmann, Milch, Kutter, Paál. Das Selbst im Lebenszyklus Frankfurt /M. 1998.
PÖPPEL, E. (1985): Grenzen des Bewußtseins. Über Wirklichkeit und Welterfahrung. München 1987.
PONGRATZ, L A.: Schule und Sozialcharakter. In: Zf. f. Pädagogik 25.Jg. 1979. Nr.2: 169-180.
REICHEL-KACZENSKI, G.: Lernen durch erlebte Einsicht. Verbesserung der Lehre im Fach Psychologie durch die gezielte Verbindung von theoretischer Reflexion und praktisch-methodischer Kompetenz. Gießen 1997.
REINHUBER, R.: Schulangst und Schulphobie. Eine Untersuchung zur Schulverweigerung. Tübingen 1985.
REMSCHMIDT, H., SCHMIDT, M. (Hg): Therapieevaluation in der Kinder- und Jugendpsychiatrie. Stuttgart 1986.
REMSCHMIDT/SCHMIDT (Hg.): Handbuch zur Kinder- und Jugendpsychiatrie. 1988.

RETTER, M.: Hilfe für Kinder, die den Schulbesuch verweigern. In Unsere Jugend 1988. Jg.40,6· 231-233.
RICHTER, H.-E.(1962): Eltern, Kind und Neurose. Hamburg 1967.
RICHTER, H.-E.: Die narzißtischen Projektionen der Eltern auf das Kind In: Jahrbuch der Psychoanalyse. 1969. Band 1: 62-81.
RITSERT; J.: Wissenschaftsanalyse als Ideologiekritik. Frankfurt /M. 1975
ROTMANN, M: Die „Triangulierung" der frühkindlichen Sozialbeziehung. Psyche 1978. H.12: 1105-1147.
RUMPF, H.(1981): Die übergangene Sinnlichkeit. Drei Kapitel über die Schule. Weinheim, München 1988.
SACK, F , LÜDERSSEN, K (Hg.): Vom Nutzen und Nachteil der Sozialwissenschaften für das Strafrecht II. Frankfurt /M. 1980
SALZBERGER-WITTENBERG, I:: Die emotionale Bedeutung des Lehrens und Lernens. In. Jahrbuch für Psychoanalytische Pädagogik. Mainz 1993.
SCHLEIERMACHER, F. (1805-1833): Hermeneutik. In. Werke 4. Aalen 1967.
SCHLUNG, E.: Schulphobie. Weinheim 1987.
SCHLUNG, E.: Kritische Sichtung der Literatur zu Erscheinungsformen, Entstehungsbedingungen und Behandlungsmöglichkeiten bei schulphobischem Verhalten Weinheim 1987.
SCHLUNG, E.: Schulvermeidung — Ein Fall für den Psychiater? 1989. In: Jugend und Gesellschaft
SCHMIDT, H. M. Schulangst — Begriffliche Abgrenzungen und Epidemiologie. In. Hg. Lempp, Schiefele: Ärzte sehen die Schule. Weinheim und Basel 1987.
SCHMIDT, M. H., BLANZ, B.: Angstsyndrome im Kindes- und Jugendalter. In: Acta Paedopsychiatrica (1989). Jg.52: 36-43.
SPANGLER, G. ZIMMERMANN P. (Hg.), (1995) : Die Bindungstheorie. Stuttgart 1999
SPITZ, R. A. (1957): Nein und Ja. Die Ursprünge der menschlichen Kommunikation Stuttgart 1992.
SPITZ, R. A. (1965): Vom Säugling zum Kleinkind. Stuttgart 1992.
STERN, D. N (1977): Mutter und Kind. Die erste Beziehung. Stuttgart 1979.
STERN, D. N. (1985): Die Lebenserfahrung des Säuglings. Stuttgart 1992.
SZONDI, P. (WS 1967/68): Einführung in die literarische Hermeneutik. Studienausgabe der Vorlesungen Band 5. Frankfurt /M. 1975.
TRESCHER, H.-G.: Theorie und Praxis der Psychoanalytischen Pädagogik. Mainz 1993.
TRIMBORN, W.: Von der Entgrenzung der Generationen zum globalen, unlösbaren Auftrag. In: Vom Gebrauch der Psychoanalyse heute und morgen. Frankfurt /M. 1995.
VESTER, F. (1975) : Denken, Lernen und Vergessen. Stuttgart 1988.
WELLENDORF, F.: Die Macht der Institution Schule und die Psychoanalyse In· Psychoanalyse und schulische Konflikte Mainz 1993.
WERNER, A.: Niederschwellige Beratung Jugendlicher an einem Schulzentrum — Das Beispiel eines Methodentransfers in der Angewandten Psychoanalyse — Unveröffentlichte Diplomarbeit. Bremen 1996.
WILKINSON, H.: Kinder der Freiheit. Entsteht eine neue Ethik individueller und sozialer Verantwortung? In: Beck,U. (Hg) : Kinder der Freiheit. Frankfurt /M. 1997.

WINNICOTT, D. W. (1950). Die Beziehung zwischen Aggression und Gefühlsentwicklung. In: Winnicott: Von der Kinderheilkunde zur Psychoanalyse. Frankfurt /M. 1983.
WINNICOTT, D. W. (1960) Die emotionelle Entwicklung im ersten Lebensjahr. In· Psyche 14· 25-37
WINNICOTT, D. W. (1965): Reifungsprozesse und fördernde Umwelt. München 1974.
WINNICOTT, D. W. (1974): Vom Spiel zur Kreativität Stuttgart 1996.
WITZEL, A.: Verfahren der qualitativen Sozialforschung. Frankfurt /M. 1982.
WÜNSCHE, K. (1972): Die Wirklichkeit des Hauptschülers. Köln 1977.
WÜRKER, A.: Irritation und Szene. Anmerkungen zur tiefenhermeneutischen Literaturinterpretation. In: Hg.: Belgrad, Görlich, König, Noerr: Zur Idee einer psychoanalytischen Sozialforschung. Frankfurt/ M 1987
WYATT, F.: Deutung und Bedeutung der Aggression In· Jahrbuch der Psychoanalyse 1978. Band 10: 77-87.
YAMAMOTO, A.: Schulprobleme in Japan In: Praxis der Kinderpsychologie und Kinderpsychiatrie. 36 171-176 (1987).
YAMAMOTO, A. Schulprobleme aus transkultureller Sicht. In: Acta paedopsychiatrica (1988), Jg.51: 220-226.
ZULLIGER, H.: Schwierige Kinder. Bern, Stuttgart, Wien 1970.

ZEITUNGSARTIKEL:

Bremer Nachrichten (Datum fehlt) 1998· Kampagne gegen Schulschwänzer.
Bremer Nachrichten, 29.1 99: Haft für Eltern von Schulschwänzern.
Frankfurter Allgemeine Zeitung, 24.1.2000: Wer lernt, sündigt nicht.
Frankfurter Rundschau, 31.8 95: Raus aus der "Vermaßnahmung" und raus aus der Szene.
Frankfurter Rundschau, 24.11.99: 70 000 „Schulverweigerer" schwänzen regelmäßig.
Kurier an Sonntag, Nr.35 (202), 30.8.98: Wieder Lust am Lernen.
Süddeutsche Zeitung, 25.11.99: Flucht vor Leistung und Lehrer.
Weser-Kurier, 25.8.92: Eine Chance für Schulmüde.
Weser-Kurier, Nr. 10, 7.3 93. Schwänzer sind „oft ganz helle Köpfe"
Weser-Kurier, Nr 137, 21.6.94: Flucht aus dem Elternhaus.
Weser-Kurier, 12.11.94: Letzte Chance für Schulschwänzer.
Weser-Kurier, 4.5.94· Wenn Kinder zu Schulverweigerern werden.
Weser-Kurier, 28.9.95: Statt auf die Schulbank in die Kaufhäuser.
Weser-Kurier, 9.10.95: Nach Zoff keinen Bock auf die Schule.
Weser-Kurier, 20.10.95: Berliner Modell: Künstler motivieren Schüler.
Weser-Kurier, 13.5.96: Viel Verständnis für ehemalige Schwänzer.
Weser-Kurier, 16.10.96: Schulschiff statt Schulgebäude.
Weser-Kurier, Nr. 185, 11.8 97: Kein Pardon für Schulschwänzer